ホームレスから大統領まで

韓国政界縦横無尽

柳晙相
朴斗鎮【訳】

花伝社

ホームレスから大統領まで——韓国政界縦横無尽◆目次

第三章　大統領への道

第四章　政治もタイミングだ

第五章　人生は旅である

第六章　私は愛しか知らない

第七章　君主の道理

第八章　非常口はある

プロローグ

歳月は流れる水の如し

若くして他に劣らぬ栄誉と支援のなかで政治の世界に足を踏み入れ、命がけで民主化闘争に情熱を燃やしたあの頃のほのかな記憶が脳裏をかすめる。

さまざまな政治的言語の暴力に胸を痛めたことも、太刀打ちできぬ政治的策略に辛酸を舐めたことも、権力争いのために見苦しい戦いをしたこともある若き青春はいまも国会に残っている。あれほどまでに声高に変革を求めた朝令暮改の一貫性のない政治史の痕跡も、過去の政治における歴史の一断面としていまだにそこに残されている。

政治とは一体何か?

国民が正しく立ち上がる基本的原動力となること、国を正しく打ち建てる根本的な土台となる事がまさに「政治」であると私は信じている。

政治屋は次の選挙を考え、政治家は次の時代を考えるという言葉がある。

私が議会政治の中心にいた頃、私は政治屋に近かったのかも知れない。しかし、ある程度時間をかけ、国家や社会を外から眺めて見ると、次世代を憂慮せずにはいられない。二〇余年もの間、政治の世界に身を置き、政治に志を立ててきたものの、相変わらず巷の声が私を悩ませるからである。

私は過去に対して弁明はしない。それに対するいかなる弁明もしたくはない。私はかつて国会議員の当選のみを目指し、地域主義に便乗し、順番待ちに忙しかった。そのため、過去を振り返ってみると、正直なところ、国民と国会のために何をしてきたのかという自責の念に苛まれずにはいられない。

議会活動から身を引いている間、自分の未熟さを痛感せずにはいられない。それと同時に現在のこの国の政治、経済の動向を見ていると、このままではわが民族の将来が立ち行かないということを痛切に感じる。国の未来がないように見えるのである。果たしてこのような状況の下で、どのように活動すべきなのかを自ら自問し、考えた。

三〇代の若さで国会に進出し、四度も国会議員を務めたのだから、政治には未練を持たず、自分の安逸だけを考えて平穏に暮らして行くこともできる。しかし、再び政治について考えるようになったのは、自分の過去に対する反省と、新しい希望のもてる政治を先頭に立って実現する事が、政治に身を委ねてきた人間としての最低限の良心ではないかと感じたからである。

このような決心をしてみると、この国を再び見つめ直さなければならないという勇気と使命感が湧き起こり、わが国の最南端の町海南から日本列島の最北端稚内の宗谷岬までを旅した人生のなかで、ホームレスから大統領まで、実にさまざまな人々と出会った感動的で衝撃的な出来事を、私の心の中にだけしまっておくのではなく、広く社会に知ってもらうべきだと思うようになり、本書を執筆するにいたったのである。

「公職に就くものは、批判に対してあまり敏感になってはいけない」とするトルーマン大統領の有名な言葉があるように、これから述べる私の話の中で、もし主観的な部分があったとしても、それについてはあまり深く考えないでいただきたい。

私は経済学徒として、社会学徒として、そして政治屋としての過去の政策的過ちとさまざまな事件を本書「ホームレスから大統領まで」の中で語り、記述する中で、政治的思考の違いと政党間の壁を取り除くことがいかに難しいかを、今更のように悟ることが出来た。

これまでにも出版界との多くの接触もあり出版の機会もあったが、政治屋が政治家としての心構えをもつにいたるまでには実に多くのことを学ばなければならなかったため、ここに来てやっとこの本の出版が可能になった。

本書を出版するにあたり、尽力してくださったヒョンサン出版社の李ガンス社長、そして困難なときでも、常に私に対する信頼を失わずにそばにいてくれた妻、そして私が「父」ということで苦労をかけたにもかかわらず、政治家としての「父」を理解し、誇りに思ってくれたわが娘ジョンへと息子ジミン、そして私を見守り続けてくれた知人、私の人生の小さな原動力となる信仰を育んでくれた教会の人々、父のように常に私を育ててくれたヨンサン兄さん、最後に愛する広津区民とヤン・ドンウィ社長に対し、心から感謝の気持ちを伝えたい。

人生とは生きるほどにつらいものである

社会も、そして政治も変化に満ちたものである。熱しやすい鍋のような政治は、もうそろそろなくなってもらいたいと祈りながら、今夜も夜を徹して思索に耽ける。代案なき闘争や、政党間の不必要な権力争いよりは、天の思し召しや国民の息遣いがより恐ろしく感じられる中で、感動の政治となることを心より望むものである。過度に強いことはかえって脆いものだ。忍耐強く慎重さのある勇気と決断をもち、静かに流れる水の如く自然の摂理に従って、大きな過ちを犯すことのない、そんな国になることを祈りつつ、私は今日も新たな決意を心に刻む。

この小さな一冊の本が、政争に失望する国民の切々たる嘆きの声を、少しでも受け止める小さな耳の役割を果たせればと願いつつ、今日も新しい声を聞くために巷に出かける。

二〇〇一年十二月

著者　柳晙相

第一章　政治ってなんだ

1994年、最高議員のとき、著者の後援会にて

私はジョンチ（情致）の人

桐の葉が落ちはじめる一九四二年十月十日、全羅南道宝城で私は産まれた。

父が醸造業と当時盛んであった金鉱業を営んでいたため、小さい頃から私は何一つ不自由なく育った。そのうえ、わが家は六男三女と子供に恵まれた家であったため、宝城郡得粮面では知らない人はいないほどであった。当時「チャントゥン（ボス）」というあだなでガキ大将だった私は、仲間の間でも人気があった。

私は友達を大勢呼び集め、その先頭に立つのを好み、町中を騒がせるのが好きで、メンコ遊びが好きだった。また、午後になると必ず家の前にやって来る飴売りの鋏の音を聞きつけると、裏庭に散らかっている鉄屑を拾い集め、飴と交換してもらうのが何よりの楽しみであった。

私の家はかなり広かったので、友達がよくこぞって兵隊ごっこなどをしにやってくる。そんなとき、私は頭にはちまきを巻き、棒を手に握り締め、大声を上げて遊んだものだ。親分でなければ気が済まない性分のため、いつも隊長になって先頭で陣頭指揮を取るのが好きだった。「全員伏せろ！　ほら！　全員隠れろ！　急げ！」ひとこと大声を張り上げれば、みんな高台に隠れたり、少し離れた麦畑に隠れて、私から合図が出るのを息を殺して待っていたものだ。もしかしたらその頃すでに、後の政治人生の伏線が張られていたのかもしれない。

小学校卒業後、誰もが行きたがっていた光州西中学校への入学を数日後に控えたある日、かけがえのない愛する母が亡くなった。母は熱心なクリスチャンであったので、私もその母の影響で熱心な信者となったのである。

「人の力でできるものは何一つない。あの方の意志でなければ、私たちがいくら努力してもできないことがある」

この信仰心は、政治において辛酸を舐める経験を味わったときにも、私を支えてくれる心の拠り所となった。

このような母の信仰心を受け継いで育った兄弟たちは、誰よりも兄弟愛に満ち溢れていた。その中でも、ヨンサン兄さんと光州で小学校の教師をしていた妹、今でも私の補佐官を務めてくれている弟ホサンは、特に親しい間柄である。ホサンは私が野党議員であった頃、反対派の暴力団に襲われ、未だに足が不自由である。その彼を見る度に胸が痛む。しかし、弟は「俺はいつでも兄貴を後ろで支えていくつもりだ」と言って、私を感激させてくれる。

一九八一年の初出馬のときには、朴正煕大統領時代に文教部長官の秘書室長を務めていた兄の指揮の下、親戚四八人が全力で選挙運動に協力し、邑や面（日本でいう村、町）の民衆や選挙活動員を引っ張ってくれた。その結果、私は三八歳にして初めて政治の世界に足を踏み入れることになったのである。

実のところ、私は裕福な家に生まれ、それほど政治に対して深い考えをもって育ったわけではなかった。ただ高校のとき、他の人よりも背が低く見えるのが嫌で、地面に石を置いて背丈をごまかした風変わりな「ガキ大将」であったことと、希望の職業欄にいつも「大統領」と書いていただけだった。そして光州高校を卒業し、人生の運命的な思考の転換をもたらす高麗大学に入学した。

四・一九革命当時、ソウル大学入試に落ち、漢陽工科大学建築科一年に在学していた私に、兄は自分が在学していた高麗大学を勧めた。高麗大学は「虎はどんなに飢えても草は食べない」という格言を象徴する大学である。当時学生運動などで話題になった大学でもあったし、私が注目していた大学でもあった。そこで私は再挑戦し、高麗大学経済学科に入学したのである。

大学生活全般に貫かれたわが高大の象徴と信念は、私の一貫した政治的スタンスを植えつける契機を与えてくれた。学生会活動で、「民族自主守護運動」の一環としての「韓日屈辱外交反対闘争」を行ったし、机上の空論にあけくれる政治家に対する懐疑心を持つようになり、私の政治に対する明確な意志が確立しはじめたのである。四・一九革命当時、私の政治に対する情熱は燃え盛っていた。

最近のほとんどの子供は、芸能人になるのが夢だそうである。私の場合、夢は子供の頃からずっと大統領になることであった。学校でも、大学でも、はたまた近所でも、どこへ行っても私は親分でなければ気が済まなかった。おそらくそのときの心意気が、後に仲人を務めてくださった高麗大学の徐ドンピル教授が私を「頭目」、「党首」と呼ぶようになったきっかけかもしれない。

男なら誰しもこの国の大統領になれたらと、一度くらいはそんな夢や漠然としたあこがれを抱くものだ。

しかし、一家庭の大統領となった今、一国の指導者になるということがどれほど難しいことであるかをつくづく思う。三〇余年も家庭内の政治を行いながら、落第点をやっと免れる程度の大統領ではなかったかと反省する。私は家庭での政治（ジョンチ）を、発音は同じであるが意味の違う「ジョンチ（情致）」と呼ぶことにしている。情に至る、または情を捧げるという意味での情致！　情と信頼がなければ崩れ落ちてしまう。国がまさに家庭であるからだ。そのような意味で、私は妻を心から尊敬している。

どんなことでも過ぎてみれば、成功よりも失敗の方が大きく見えるものである。事実、私には後悔することがたくさんある。娘への見合いの申し込みをことごとく断ったことも後悔している。しかし、縁というものにはタイミングがある。娘はそれをしっかりと見極められるほど賢く成長した。そんな娘を私は信頼している。

君はなぜ政治をするのか？

一〇代ぐらいの少年が、太極旗（韓国の国旗）を頭に巻きつけ、悲壮な目で銃を手に泣いていた。私の大学の同窓生や仲間たちもまた、重苦しい表情で涙を流していた。私は赤いハンカチを手に、学校の屋上から彼らを見下ろしながら、必死で彼らを呼んでいる。と、そこで目が覚めた。

テレビのニュースか何かで見たその子供の瞳が忘れられなかった。父の遺影を胸に抱いたその子供の目には、悲しみが満ちあふれていた。あの残酷な一九八〇年五月。私はその五月を経験し、まさに政治家としての道に進むことを心に決めた。

一九六九年、大学を出て会社勤めをしながら、大統領選挙で朴正煕政権の不正操作を阻もうと選挙活動を行っていた。

悪名高き中央情報部は、私を要注意人物と見ていたのか、四方が壁で塞がれた事務室に無理矢理連れて行き、長時間にわたって暴力と監禁を行った。当時私は一般市民であったが、後に政治家となってからも三回も同じ目に遭い、辛酸を舐めた。思うに、私は政治の歴史的激変期には必ず中央情報部の連行と暴行を甘受しなければならなかった人物の一人であった。

私の政治家への道を生み出した政治の故郷ともいえる大学時代、いつだったか学校の前の屋台で先輩、後輩たちが揺れ動く政情と時局について議論を交わしていた。政局は不安定で、祖国の現実は平穏ではなかった。私たちは励まし合いながら国のことを憂えた。

「世の中も恐ろしくなったものだ。言いたいことも言えなくなってしまった。俺が学生時代に民主化闘争を主導したということでブラックリストに載せられ、中央情報部の奴らが常に俺を見張っているようで気味が悪い。後輩を手助けすることさえ怖くなった。俺は未だに五月になるとムカムカと吐き気がするんだ」と酒に酔った先輩が口走った。

「この国は、国民と共に、民心を得るような土台がしっかりしていなければならないのに、国民が国民としての当然の権利さえも主張できないような恐ろしい世の中になってしまった」

私たちはその日、俗に言う「鼻がひん曲がるほど」酒を飲んだ。

民主主義における政治家とは、国民からその権力を委任された者である。そのかわりその権力を通じて国民の権益を守り、政府を信頼し安心して暮らせるように行政などを行うのが政治家の役目である。しかし一九八〇年代は、国民の力ではなく、抑圧によって国が成り立っていた。結局、私は民主化の春が銃刀で抑圧されていたあの五月を目にして以来、腐った政治を改革する決意を固めたのである。

私は下宿の仲間を糾合し、讃歌を作って歌ったりしながら、経済学の勉強に誰よりも情熱を注ぎ、首席で卒業することができたが、学生運動で得た民族意識や抑圧によって踏みにじられた民族の自尊心を守らなければならないと思い、机上の空論だけに終始している政治を心底変えたかった。

5・18光州民主化聖地でのインタビュー場面

私は、学生運動の延長として社会奉仕を考え、政治家として国民に責任ある政策を打ち出すのだ、と心に誓った。

民主化闘争に加わって初めて知った国や国民に対して抱くようになった悔しさ、それがすなわち私を政治に目覚めさせたのである。このようにして私は政治家となった。

事実上私が政治に足を踏み入れるきっかけとなったのは、大学時代の民主化闘争であるが、政治家としての道へと導いてくれたのは、李重載先生であった。

私が李先生の入院を知ったのは、

二〇〇〇年四月である。ハンナラ党の不振支部改編大会での祝辞中、突然腹痛を訴え病院に運ばれたのだ。胃ガンの診断を受け手術をしたが、徹底した緘口令がしかれ、私が先生にお目にかかったときも、徐ギュマン補佐官しかその病状を知らなかった。

オボン（おくり名）李重載先生は、六代（国会議員）から私の故郷である全羅南道宝城の国会議員を歴任した。当時私たち二人は金大中の側近として、一人は選挙対策委員長を、もう一人は遊説委員長を任されていた。金大中政権となった今、二人は共にハンナラ党に所属し、一人はハンナラ党常任顧問として、またもう一人は中央党党務委員として任務を任されている。何とも皮肉な事だと思わずにはいられない。最近の李先生は大変元気そうで、近頃は週に一度のゴルフで健康回復を図っているとのことである。

「君はなぜ政治に関わりたいと思うのか」と人々は私に尋ねる。そんなとき私は、この国の重く苦しい内情を引き合いに出して、それに対する憂いを持つ一人の国民としてこの道を選んだのだと答える。若い頃、政治的にこれほどまでに確固たる決意を植えつけてくれた人が李重載先生だった。先生は、原則的かつ整然とした論理の持ち主で、国の将来と二〇〇二年の大統領選、そして自治体選挙に対する懸念を持っておられた。

「今回の大統領選のことだが、女性候補者は誰が出るだの何だのと言っているが、結局金大中が目をかけている候補がなるに決まっている。どんな手段を講じても政権を再び握る事に全力を尽くすだろう。しかし、ハンナラ党の大勢論を制することはできないだろう。世論調査が云々などと言っているが、そんなものはたいした意味はないと私は見ている。最近墓参りのために湖南の田舎によく帰るのだが、知識人の間では、金大中政権に批判的な人間が増えてきているし……」と、鋭い意見をそれとなく投げかけて来ることもあった。

また先生は、過去に李会昌総裁と李基澤議員との間に起こった公薦関連の問題について、誰よりも本人と洪思徳議員などがよく知っていると言い、「お互いに不幸な出来事であった」と言い切った。

政治にはまさに男の甘い誘惑の言葉のようなものがある。

ある夫婦が金銭問題で激しく口論になった。妻は泣きながら夫に訴えた。「結婚する前は、結婚してくれれば、一生女王様のようにお仕えしますと言っていたくせに。生活が苦しくてちょっと不満を言ったことで、私をここまで追いつめて。これが女王扱いのつもりなの？」と。そこで夫は怖い目をしながら皮肉った。「それは君をものにしようとして言っただけのこと」と。

政治家は、選挙のとき、数え切れないほどの公約を掲げて国民を誘惑する。

「俺のところに嫁にきたら幸せにする。少なくとも君が涙を流すようなことだけは絶対させないと約束する」

「私に清き一票をくださるなら、必ずご期待に沿うことを誓います。どうかご声援をお願いいたします。みなさん！　もし私を当選に導いてくださるなら、経済的な理由で教育を受けられない農家の皆さんに、無償教育が受けられるようにお約束いたします。そして老人や子供たちのための福祉施設を建設し、女性の社会権益を拡大発展させ、予算を再改編します。決して皆さんを失望させるようなことはいたしません！」

私はそのような夫にも政治家にもなりたくない。

政治に関われば関わるほど、恐れと重い責任感を感じずにはいられなくなる。国民の政治意識水準に比例して、政治的権利が共有されなければならない。

誰かが「君はなぜ政治を続けようとするのか」と尋ねるならば、私はこう答えよう。

「言行一致の政治家として名を残したいからだ。所信を持った責任感ある政治家として名を残したいからだ」と。

新しいお酒は新しい盃に

私も人間なので、すべてを捨てて選んだ道とはいえ、政治に対してしばしば懐疑的になるときがある。自分の誇りだけで守っていくにはあまりにも険しい道だが、それがまた政治である。

自分にいくらぴったりと合う服でも、長年着ていると破れたり綻（ほころ）びたりするものである。私は、政治が自分にとって天職であると思ってきたし、もちろん今でも政治家として恥ずかしくない人間になろうと努力している。しかし、いくら自分が望んだ道であり、自分にぴったりの生き方であるとしても、過去の旧態依然とした思考では、自分が考える政治の色合いはうまく出せないものであると思う。思考を変えることが、政治も、国も、そして私も生かされる道、つまり「自力更生」ではないかと思う。

「自力更生」と言えば、もう一人忘れられない人がいる。高麗大学の先輩で、なんとなく私と似たような人生を生きてきた人、かつてのサムミグループの副会長であったソ・サンロク氏である。かつて上位三〇グループに名を連ねていた強力なサムミグループが倒産し、ある日突然、ロッテホテルのウェイターになり、世間を騒がした人である。私は、書物やマスコミを通じて、彼の人生について時折耳にしていた。

むし暑いある日、私はふとソ先輩が懐かしくなって小公洞にあるロッテホテルへ会いに行った。朝早い時間、三五階にいるソ先輩に会った。白いワイシャツに蝶ネクタイの彼は、ゆったりと微笑みながら私を迎えてくれた。

「お忙しいところありがとうございます。どうなさっているかと思いながらも、先輩があまりにもお忙しい様子なので、ずいぶんご無沙汰してしまいまして」

「柳議員、お元気そうで」

私たちは、道行く車がプラモデルのように見える三五階の窓際に座り、久しぶりの再会を喜び合った。

「柳議員も大変だろうが、また新たな心持ちでやっていこう。努力すれば必ずチャンスは来ると言うじゃないか。私の話をよく聞いて欲しい。私はね、こう考えているんだ。こうみえても私はトップ三〇グループの副会長だった人間だ。しかしまさしくその経営が間違っていたのだ。結果的にサムミグループは、借金経営も手腕のうちとばかりに経営を行い、金を工面する能力さえあればいいんだと考えていた。他人の金を借りる前に、リストラできるところはリストラして、上手く行かない部分は改善し、売れないものはあらゆるアイデアを出してでも売れるようにしなければならなかったのに、それをろくにしてこなかった。銀行をだめにしたのは、まさにトップ三〇の財閥グループだと私は思っている。銀行をつぶしてしまえば、そのツケは国民に回って来る。自分も経験して分かることだが、あんなに高給をもらって何になる？　さらにその倍にもなるような外見維持費とでも言おうか、見栄を張るための出費がどれほどかかったことか。結局不渡りを出し、家賃さえ払える金もない有り様だ。ハッハ」

このような話を交わしながら、私たちは空しさのあまりコーヒーを焼酎のように飲んでしばし沈黙した。

今でも韓国人は見栄を張ることに固執する。小型車に乗ったからといって誰が何をいうわけでもないのに、小型車でホテルに入るのは恥ずかしいとばかりに、気後れする人やマイカーを持たない「テクテクさん」とはデートもしないと豪語する女性たち、性格が悪いのは我慢しても、顔が不細工なのは許せないという容姿至上主義の男性群。このようにわれわれは、外見上の物事だけに拍手喝采を送っているのである。

「中小企業にはまじめな人がたくさんいる。国がＩＭＦの支援を受けなければならなくなったのは、政府はもちろん、いわゆるグループ企業経営陣の時代遅れの経営マインドが原因であろう。とにかく不動産に投資さえしておけば、金は雪だるま式に増えると思い込んでいる。それは投機であって経営ではない。倒産後一文なしを実感したときには、すでに遅かったわけだ。しかし考えてみたら、アパートの保証金を手にして田舎で暮らせば、月一〇〇万ウォンの支出でも二〇年は食っていける計算になる。そうこうしている内に、IMF時代に突入し、保証金が戻らない羽目になった。となれば、保証金ぐらいは貯めないとダメだと考えたんだが、それはとりあえず、就職しなければならないということだった。

どこかの医学雑誌を見たら、二〇〇五年まで生き残っていれば人間の寿命は九七歳に延びると書いてあった。つまり、九七から六一を差し引くとそれでもあと三五年は生きられる計算だ。ならば少なくとも俺も一〇年は仕事ができる。一からまた出直そう、俺はそう決心したのだ」と語り、そして次のように話を続けた。

「会社をつぶしてしまった人間がまた経営をするといっても今の韓国では無理だし、最初はアパートの守衛をあたってみたんだが、それが結構いける仕事なんだ。計算してみると、隔日勤務で月七〇万ウォンもらえるんだから悪くない。守衛というと懐中電灯でも持って周辺を見回り、疲れたら座ってウトウトしている姿をイメージするかもしれない。しかし、俺が考えたのは〝俺があの仕事をやったら今の守衛より何か別のやり方をするだろう。私なら月給のうち二万ウォンくらいは自分の職に投資する。つまり自分が管理する棟の庭に花を植え、草木の手入れをするなどのサービス提供をするのだ。そうすれば、その前を通り過ぎる人々がどれだけ心が和むだろう〟ということだ」

「これは自分の建物だと思えばいい。アパートの壁なんかは、ペイント二缶ぐらい買っておけば年に二回は塗り替えられる。なんと楽しい仕事だろう！　もしやチップでももらえたら、一〇〇万ウォンくらいにはなりはしないかと思ったりもして。しかし、問題は、就職するのが難しいということだ。泥棒に入られたら捕まえられるのか。結局年寄りでは使い物にならないという。もちろん、心の中では、俺を一度使ってみろ、あそこの警備は立派だと近所でも噂になるだろうに……。しかし結局、彼らの要求は、給料の二カ月分を裏金としてくれたら就職させてやるというものだった。俺は後ろも振り返らずに帰ってきたよ。

その次に考えたのが病院の案内員だったが、死の病にかかって恐怖に脅えている患者に温かく接する案内員になれればやりがいがあるのではないかと思い、三星病院と中央病院に行ったんだ。すると、外部の人を使う予定はないと言われた。重役の奥さんが保証する人でないと雇わないという。結局それも諦めて、アメリカみたいにゴルフ場でホールのピンを持つキャディーでもしようかと思い、問い合わせしてみたところ、アイデアはいいが、現在雇っている人を解雇しなければならないから少し待ってくれという。他人の仕事を奪ってまでしたくなかったので、最終的に飲食関係を当たってみることにしたわけだ。

飲食業は、料理四〇％、サービス三〇％、雰囲気三〇％といわれている。ところが、韓国の飲食店にはそのサービスがない。ただいらっしゃいませ、とまるで録音テープかロボットのように繰り返しているだけだ。注文は何になさいますか、それだけだ。サービスというのは、三〇秒ごとにホールを見回りながら、食事が気に入らなければ他のものをお持ちしましょうか、とか、追加のご注文はございませんか、などと尋ねなければならない。しかし、実際は一旦頼んだものは黙って食えといわんばかりで、商品に対するアフターサービスという概念はまったくない。そのようなサービスをしていたらお客は来なくなり、結局、常連客の波及効果まで失うことになる。

そこで私は飲食店で働く決心をして、まったく見知らない二八カ所の飲食店に履歴書を出してみた。最初に行ったのが、龍山で有名な素麺屋、その次は焼肉屋、そして三番目に情報通信部御用達の光化門食べ物屋横丁、中華料理店、ポスコ社前の食堂からも声がかかった。七カ所から採用の知らせがあって、その中にロッテホテルも入っていたのだ。そこで私は、どこを選んだらよいか高麗大学の同窓やミン・チャンギら友人に相談してみた。『お前の性格からして、オーナーのいないような食堂へ行った方がいい。お前の性格では、オーナーのあぁしろ、こうしろという命令に耐えて従うことが出来ないから』と。こうして私はロッテホテルを選んで就職することになった」

私は「イングリッシュティーチャー、オ・ソンシク君」の話を思い出した。彼が大学を出て、ある会社に就職の面接にいったとき、面接人に「私を採用したら、御社は確実に伸びるでしょう」と言ったという。彼は、自分のような人材を一度使えば、その会社はさらなる成長を遂げると考えていたそうだ。結局、彼は成功した。ソ先輩の話を聞いて、彼らは自分自身の価値を自ら作り出す人、その価値のために努力を惜しまない人であると思った。そう言いながら自分は、「ただ親切にさえすればいいと思っていたが、どんな分野でも、専門家になることがいかに難しいことであるかを知った」

一人前のウェイターになるには七年かかるそうである。厨房の食器だけでも七〇種類あり、それぞれに磨き方やテーブルでの並べかたが違う。最初は月給六〇万ウォンの皿洗いから段階を一つ一つ踏んでいかなければならないという。そしてアメリカで言うジュニアウェイターになる頃には、わが国ではキャプテンというポジションに就くことになる。

近頃では時代に合わせて呼び名も変わってきている。かつての家政婦は家庭管理士といい、保健設計士、環境美化員などというように社会が変化していることを表している。新しい思考に変わる中で、われわれは新しく変化しなければならないということを切実に感じた。

「柳議員、私の手を見てごらん」といって先輩は左手を開いて見せた。

「最初はお盆一つろくに持てなかったのだが、今ではまるで皮革の手みたいだろう。多くはすべて時間と努力によって解決されるものだ。

うち（彼は自分が勤めているホテルを「うち」と呼んだ）に常備しているワインは三〇〇種類を超える。われわれはそれぞれの味についても知らなければならない。ところが、ワインの価格は千差万別だし、高価な酒を味見するわけにもいかないじゃないか。当然自腹を切って味を確かめなければならないが、これがまた三万ウォン、八万ウォン程度のものなら買うこともできるが、一〇〇万ウォン、二〇〇万ウォンにもなると自分の舌で味わうことなどまったくできない。お客も高いワインだからと最後の一滴まで飲み干して帰るわけだ。そのうえ、少なくとも六〇種類の世界的に通用するカクテルの作り方を習うために

『シグラム・カクテルスクール』に通い、昨年五月、筆記試験をパスして六月に資格を取った。ところがその後も絶えず練習に練習を重ねなければならない。私は六〇代であるが、肉体的には四〇代、そして精神的には二〇代に戻っているようだと自負している」

ソ先輩は、地下鉄に乗っても席に座らないという。精神面でも非常に幸せで満足しており、著書や広告にも携わり経済的にも余裕が出てきたという。私もソ先輩に次のように心境を語った。

「私も元気です。三〇、四〇代のような心持ちで日々過ごしています。最近やっと一人前になったような気がします。ここ一年の間、いろんなことを学びました。日本や中国へも行き一人で苦労しながら仕事をし、自炊もしました。私が国会議員だった頃は、韓日連盟の関係者が日本から来ると、ただ握手だけで声もかけられなかったのですが、今は日本語も勉強し、私の方から日本語で話しかけるのですよ。どれだけありがたいことでしょうか。日本で特派員をしているある記者が私に、『今まで日本で学んだ政治家は数えるほどしかいないが、柳議員はそのうちの一人です』と言っていました。日本に滞在中は日本語でスピーチもしました。やっと一人前になりつつあります。未熟なところもたくさんありますが。かつて有力議員だった頃、酒の席ではまるで主人公のように上座に偉そうに座っていましたが、今は私が座っているところがまさに私の座るべき席であると思っています」

私たちは心を通わせ合い、実に多くのことを語り合った。

「私がもしお客に直接サービスすることができたら、一、二年内に常連客二〇〇人は作ることができると思う。月一回、一人のお客がもう一人のお客を連れて来れば、年間うちのホテルの売り上げは二〇、三〇億ウォンになる。そのうち一〇％は私の年棒になる。ウェイターだからといって社長より給料が少ないと決まっているわけではない。私が年棒で億単位のウェイター第一号になれば、わが国の職業に対する固定観念も変わるだろう。要するに、問題は金ではなく、これからは専門家の時代、プロの時代ということだ。朴セリや朴賛浩のようなスポーツ選手や、芸能人ばかりが億単位の年棒を手にできるのではないということを世間に知らしめてやりたい。これが私の人生最後の夢なんだ」

ラスベガスのある有名なウェイターの年棒は、八二万ドルだという。彼の年棒は、アメリカ大統領の三倍を超える。彼は、その年棒のうちの一二万ドルで一流職員を三人雇い、八〇〇〇人の顧客管理をさせているという。

現在わが国の資本主義市場体制は、まともに形成されていない。だから、親戚が土地を買うと腹が痛むということわざ（他人の幸を羨む意）があるほどである。若者が高級車に乗っていたら「一生懸命働いて稼いだのだな」といわず、「父親の車でも強引にさらってきたのだろうか」とか「ガキの癖に金持ちの真似して」などとひねくれた考えをするのである。

「貧しい事は恥ではないが、自慢する事でもない。月給の一〇〇万ウォンから七〇万ウォンは貯金しなければならない。若いときには、五年ぐらい我慢すれば何千万ウォンにはなるものをそれが我慢できないのだ。ティコに乗っていて金が貯まったらソナタに替えたくなる。その次はグレンザーに乗りたくなる。しかし、自分の水準に合わせなければならない。より良い生活がしたかったら自分で努力をしなければならない。誰かが助けてくれるわけでもないのだ。裕福なことを嫌悪の対象にしてはならない。私が言いたいのは、かつて国会議員をしていようが、大臣をしていようが、今現在の自分に合った生活をしなければならないということだ。

私は今に金持ちになるだろう。六〇万ウォンだった初任給が今は、一〇四万ウォンだ。自分が書いた本が出るとは誰が想像しただろうか。それが少しずつ金になっている。そのうちコマーシャルに出演しないとも限らない。四億五〇〇〇万ウォンの家も買った。最善を尽くせば必ず道は開く。過ぎたことは忘れなければならない。ベンツに秘書が六人もつく副会長時代のことを考えていたら、今のような仕事はとてもできないだろう」

筆者自身も、広津区で地区党の委員長をするなんて夢にも思わなかったし、公薦に漏れて留学したことや、ハンナラの党員になることを誰が想像したであろうか。

しかし、人生は不思議なものであり、容易ではないものである。ソ・サンロク先輩とのつかの間の対話を終えて出たとき、なぜか私は足取りが軽くなるのを感じた。私とどこか似たところのある先輩の幸せそうな姿を見たことが、私に新たな希望をもたらしてくれたからかもしれない。

妻と出会い、愛を育む

夏が過ぎた頃だろうか、大学では学園祭の時期を迎え、賑やかなムードの中で学生達が準備に追われていた頃、私は後に妻となる金ギョンミに出会った。妻の方は、二人でよくデートをした場所や私が彼女に打ち明けた愛の言葉、つらくて苦しかったさまざまな出来事などが思い出せないと言う。しかし私は、今でもあのときの初めての出会いを、思春期を迎えた文学青年が常に覚えている詩の一句のように、鮮明に覚えている。

私は当時、高校のときから一目ぼれし、憧れの女優金芝美に似ていたある女性と辛い別れをし、落ち込んだ日々を送っていた。もちろん、学生運動や学校のさまざまなサークル活動に専念していたが、心の片隅に残る寂しさは実につらいものであった。いつも彼女と会っていたDJのいるカフェに行ってみたりして、あちこち徘徊した。しかし、自分の人生がそうであったように、そのような一つの執着でそこに留まっているわけにはいかなかった。志ある友人と共に民主化闘争と熱心な活動などに情熱を燃やしていたある日、学校では学園祭が始まった。

私はいわゆる「隠居」と言われる大学四年生であったので、学園祭にはそれほど関心はなかった。しかし、学園祭とはその名の通り楽しむものであり、隣接した大学から女子大生がやって来るのも楽しみで、私は祭りの雰囲気に包まれながら、酒を飲んだり、友人と肩を並べて高声放歌したりもした。そんな学園祭の最終日、キャンパスではカップルゲームなどが開かれたが、私はそこで妻に出会ったのである。

彼女は知的な女性であった。彼女の両親は『ヘンウォン』という醸造場と『サムジン』という農薬会社を営む事業家であった。そのような家柄の二番目の娘として生まれた彼女の生活は、華美であったことはいうまでもない。そして私には、そんな彼女が実に堂々として見えたのである。こうして二人は出会い、長い間、その愛を育んできたわけである。

彼女は大学卒業後、忠清南道舒川で中学校の教師をし、私は釜山で就職したため、お互いに会うことが非常に困難であった。しかし、二人の愛は、まるでフランスの悠々としたセーヌ河の流れのように誰にも止めることの出来ない流れであった。

毎週手紙を交わした。私は毎月、雑誌『女性東亜』とともに彼女への愛を送った。私からの手紙が遅れると、待ちきれず先に手紙をくれたりもした。こうして二人はただただお互いを慕い、会うことができないやりきれなさに心を痛めたりした。付き合って五年ほど経った頃、二人は両家の両親に挨拶に行くことにした。最近の若者は、両親に挨拶に行くこと自体にあまり意味を感じなくなっているし、出会いと別れをいとも簡単に済ましてしまうケースが多い。

しかし当時は今とは違い、両家の両親に会うということは、結婚を意味することであった。私たちは毎日、別れて暮らす寂しさを勇気に変え、両家の顔合わせの場をもうけることにした。しかし、何ごとも思いどおりに行かないのが人生というものである。彼女に会った私の両親も、私に会った彼女の両親も、縁談が気に入らなかったようである。彼女の両親は、私の気質をよく見なかったのか、それとも職業が気に入らなかったのか分からないが、私との結婚に反対したのである。私の両親も、大事に育てられた彼女を嫁として迎えるのは、好ましくないという。反対されるとは予想もしなかった。彼女の心の傷は、日増しに深くなっていった。

そんなある日、私は彼女をカフェに呼び出し、彼女の目を見ながらこう言った。

私の心の奥にきざまれているもの、
喜びは、苦しみの後にやって来るということを……。
日々よ、流れ、鐘よ、鳴れ。
月日は流れるが、
私はここにとどまる、あなたの側に……

親の反対で落ち込んでいた彼女に、私が好んで愛誦していたフランスの詩人、アポリネロの『ミラボー橋』という詩を引用しながら悲壮な気持ちで口を開いた。彼女は私に耳を傾け、私も言葉を続けた。

「つらいのはよく分かる。だから無理して堪えてくれとは言わない。ただ君は俺にとってかけがえのない運命の人だし、君には俺を信じてついてきて欲しい。俺を信じてくれるか」と。彼女は信頼をこめた目を私に向けながら頷いた。そのときから二人の愛の逃避行が始まった。

シャンソンのリズムに乗って恋人たちの足音が絶えないミラボー橋、その橋の上から悠々と流れるセーヌ河を見下ろし愛を囁く恋人たちのように、セーヌ河の流れのように、私たちの愛も静かに流れていた。

「ミラボー橋の下でセーヌ河は流れ、私たちの愛も流れて行く……」

一カ月が過ぎ二カ月目に入ったある日、紆余曲折の末ようやく、両家から結婚の承諾が得られた。

一九六九年十一月八日、世宗文化会館の小ホールで多くの人々に囲まれる中、二人は盛大な結婚式を挙げた。金鍾泌の兄である金ジョンラクをはじめ、朴ビョンクォン元国防部長官、朴龍学貿易協会会長、玄勝鍾元国務総理など多くの著名人が参席し、私たちの結婚式を祝福してくれた。

共に歩むほどよいものはない。人生で最も大切なことは「生活すること」と「愛すること」なのだから。私はこうして「愛」を手にしたのである。

結婚後七年が過ぎ、徐々に政治に対する執念と意志を抱き始めた頃、再び「生活」の問題が持ち上がってきた。選挙に初出馬したときのことである。経済的には多少の余裕はあったが、政治活動によって家の財産や妻の実家からの支援、兄や義弟の財産が、選挙資金としてすべてつぎ込まれるようになった。私は家族が少しずつ苦しみ始めていることに気づいていた。もちろん、私は初当選し、続けて再選の喜びも味わったが、政治家になるためには、想像以上の金と努力が必要であった。

初めて政治の世界に足を踏み入れた頃、私は、ある事業を営んでいた。無論、その事業は後日、政治的圧力によって破産を余儀なくされたが、その当時は経済的に困難もなく順調であった。政治生命が長くなるにつれ、その財産も政治資金として繰り返しつぎ込むことになった。それにもかかわらず、一九九〇年、二〇〇億ウォンの財産があり、ビルを隠し持っているというとんでもない噂が立った。

すべての財産が選挙資金として消え、まるで底なしのかめに水を注ぐように、さらに資金が必要になったときでさえ、私の妻は一度たりとも愚痴をこぼしたことはなく、私の影となって支えてくれた。そのような妻の言葉に言い表せない犠牲と苦労が、結局私を四選議員にしたのである。妻は、私の政治生活における最大の陰の功労者である。

子供たちが小学校に入った頃に政界に足を踏み入れて以来、二〇年近く、私は妻や子供に対しては落第生の「父」であった。ただ妻にしてあげたことは、五〇余カ国の旅の三分の一近くを妻と共にしたということぐらいだろうか。一度たりとも裕福な生活をさせてやれなかった頼りない夫のために、あれほど尽くしてくれた妻が、私の選挙運動を手伝った後肝臓を悪くしたときには、胸が張り裂ける思いであった。どんな状況下でも常に私の味方になり、清く正しい政治を行えるよう励ましてくれたのがまさしく金ギョンミ、私の妻である。

彼女はいつも私にこんな助言をしてくれる。

「あなたもご存知のとおり、政治家とは、国と社会、そして国民に哀れみの心をもったからといってすべてが上手く行くというわけではないし、お金や権力さえあればできるというものでもありません。それには最も優先されるべき個人の資質と人格を基盤に、共に働く仲間やあなたを信頼してついてきてくれる人たちがまず必要です。その次に、それに対する経済的支援や国と地域発展に関するビジョンと推進能力が伴ってはじめてまともな政治ができるのです。まず、あなたのまわりの人材を清く正しい人たちで固めなければなりません」

このように妻は、常に私の進むべき道を示し、アドバイスをしながら私を導いてくれた。今考えると、妻の結婚生活は色でたとえれば白黒だったのかもしれない。私の方は、政治への夢や所信があったのでただひたすら前を見て進んでいればよかったが、子供や家庭の仕事をすべてこなさなければならなかった妻の苦労を考えると、ただ申し訳ないという気持ちで一杯である。選挙のときも妻は、他のすべての仕事を一手に引き受けてやってきたのである。

結婚とは、駆け引きのビジネスとは違う。思いやりの心と支え合う中で、安定を得て生きて行くものである。今は自分の家も持てず、狭い部屋で暮らしているが、そのような妻が常に側にいてくれただけでただただ感謝せずにはいられない。

誰しも人生において三つの出来事に出会うと言われる。出生と結婚、そして死である。昔は、顔も知らない相手と見合いをし、結婚し、一生涯を情けひとつで送る場合が多かった。しかし今は、自分の仕事を持ち、自分の人生を堂々と生きる若者が一人暮らしを望むケースも増え、晩婚化が進んでいる。私の周りにも仕事に打ち込むあまり結婚を遅らせたり、結婚しない人がいる。三〇歳間近の私の娘も堂々とキャリアウーマンとして活動をしている。

しかし、結婚することによって得られるメリットは多いと思う。妻を見てまさにそう感じるからである。もちろん、今後も妻の白黒の結婚生活は続くだろうし、また私は政治家として、半人前の父親であり続けるだろうが、私たちは今のこの生活を大切にしているし、愛してもいるのだ。

なぜか今日は、初めて会ったときに妻が着ていたグリーン色のツーピースが脳裏に浮かぶ。

彼女の着ているグリーンのツーピースには赤とんぼの絵柄が描かれていた。無数の赤とんぼが、彼女の動きに合わせて白い空間に波打つようであった。金ギョンミ、彼女は本当に美しい女性だ！

特異な履歴の友人たち

私が高麗大学を卒業し、社会人として初めて勤めた土地が釜山である。湖南出身の私は、釜山での勤務は初めてであった。地域感情の激しかった頃、金大中の遊説委員長として釜山で遊説をした記憶は今でもありありと目に浮かぶ。先日、妻と釜山国際ホテルに泊まったとき、遊説当時そのホテルの社員だった人が、今は責任者になり、私を覚えていて挨拶にやってきた。私たちはその当時のことを話しながら回想に耽った。釜山での演説を終えて帰る途中、若者数人にホテルのガラスを割られる騒動に出会った。

当時、私は東橋洞の代弁人として、徐スンヒョン議員と金オクドゥ議員とともに金大中の選挙遊説に参加したが、不法な妨害によりスピーカーが壊され、演説を続けることができない状況であった。後に政府機関によって仕組まれたものであると分かったが、まったく悲しく、やりきれない出来事であった。

私が生まれたのは全羅南道の宝城であるが、釜山は、成人してからの最初の勤務地でもあるのでつながりは格別に多く、慶尚道には縁が深い。その中でも、釜山にいる高校時代の親友、ユン・チョンイルと大学時代の相棒、具ジャシンは、かけがえのない友人であり、実に特異な履歴を持った人物でもある。

一人は通関業で財を成し、もう一人は釜山出身で、高麗大学の釜山支部会長と梁山商工会議所の会長を勤めている。

ところで、この具ジャシンという人物の人生がまた面白い。

一時期釜山では、いわゆる裕福な家庭の主婦が日本製品ばかりを欲しがる「日本製ブーム」が起こり、日本の炊飯器が大量に流入する事態が起きた。

科学技術庁長官が全斗煥大統領に先端事業育成の必要性を報告したまさにその翌日、事件は起きたのである。事態を重く見た全大統領は、関係者を呼びつけて「米を主食とする国が炊飯器一つ作れないとは何事だ。いかなる技術や行政力を動員してでも開発せよ」と手厳しく叱りつけた。

そこで具ジャシンは、炊飯器の開発に関心を寄せて、自分が経営する『ソングァン化学』が下請けとなり、製造に当たったのである。当時は金星社マーク、すなわちＬＧ商標として市場で売られるようになった。ＩＭＦ時代、ＬＧグループに国内外の市販問題などが起こり、製造は苦境に立たされることになった。

彼は「ほんの数個でも構わないから、自分のブランドで市販してみたい」と思い、絶えずＬＧに申し入れたが、受け入れられなかった。やがてＬＧ側は、冷蔵庫やＶＴＲ、テレビなどの部門を主品目とし、原価分析の結果収益が出ないと判断されたためか、彼にチャンスを与えることになった。このようにして、『クク』という炊飯器が誕生したのである。李サンビョク氏による信頼性を基本としたコマーシャルが大衆に受け、その炊飯器は広く知られるようになった。今や彼は中堅企業の社長となり、私とはまた別の場で活躍しているが、時々電話で世間話をする仲である。

もう一人の旧友ユン・チョンイルは、高校の同級生で、三年間一緒に登校した相棒である。彼は漢陽大学工学部を卒業し、やはり釜山で事業を営んでいる。今は完全に釜山の人となって、話していても釜山訛りになってしまうほどである。三五年も釜山に住んでいるのだから無理もない。彼にとって釜山は第二の故郷なのである。

彼は、私が第一一代国会議員選挙に出馬したとき、私を激励し支援するために白紙の手形一〇枚を送ってくれた。最近は、事業の不振から苦しいサラリーマン生活を送ることになっているそうである。やりきれない思いである。

英国のある出版社が「友」の定義を読者から公募したところ、「喜びを倍にし、苦しみを分かち合える人」「私たちの沈黙を理解してくれる人」という答えがあったそうであるが、一番に選ばれたのは、「友とは、世の中のすべてが私から去っていったとき、私の元へ来てくれる人である」であったそうだ。

ユン・チョンイルという友人は、私にとってこの定義を思い起こさせる真の「友」であった。そんな彼から娘の結婚式の司会を頼まれたことがあった。当時私は、党の公薦に落ちたショックで、あまりにも複雑な心境と虚妄の状態に陥っていたため、司会を断った。そのことが後々までずっと気にかかっていた。

先日、インタビューのため釜山ワンウォル洞を訪れた際、わずかな時間ではあったが彼に会うことができた。杯を交わしながら積もる話をするだけでもあっという間に日が暮れ、苦しい内情を打ち明けても恥ずかしくないものである。それが「旧友」である。

ユニークな履歴の持ち主がもう一人いる。光州高校の後輩である、金ヨンウンである。彼は光州高校のときから四〇年間、血を分けた兄弟のように親しくしてきた後輩である。子供の頃から母親思いで、子供に対する愛情が深く、子供たちには教訓書を与えるほどであった。

「やりたいがやってはならないことと、やりたくないが必ずやらなければならないことをよく見極めることのできる知恵を与え給え。いかなることにせよ、常に誠実と情熱が美しい炎として燃え続け給え」

この文章は、彼の母親が二〇〇一年一月初旬、息子、金ヨンウンへ書き記した『新年の祈り』の一部である。彼はこのような母に見守られながら、多くの困難を乗り越えてきた。彼は一九八〇年代、暗黒の軍事独裁政権時代に民主化闘争に身を捧げ、政権が交代するたびに謀略により濡れ衣を着せられ、捕らえられるという受難を味わった。彼は現在、土地博物館の館長として勤めているが、過去には、そのような一連の事件が原因で会社を辞めさせられたり、無罪釈放で復職したりで、公職者として前代未聞の珍しい経歴を持った後輩である。

つい先日、会ったチェ・チャンシクというシルム協会の副会長もユニークな履歴の持ち主である。彼は、一九八二年から一九八三年まで大韓シルム協会の副会長を歴任し、一九八九年末には、日本のＮＨＫから韓国のシルムについての広報を任されるほど、シルム愛好家である。

盧泰愚大統領が日本を訪問したとき、明治記念館で「天皇に謝罪しろ」と日本の右翼団体による反対デモがあった。そのとき彼が前に出て説得し、盧大統領の訪日阻止運動を訪日歓迎に変えてしまったと自慢話をする。そのとき彼は、延々と六時間にわたって日本人を説得し、国に対して手柄を立てたにも拘わらず、政治的策略によって言論と政治の犠牲となり、刑務所に入ることになってしまったそうである。

一九九〇年には、暴力犯罪団の頭目という罪で二〇年の刑を言い渡され、七カ月を服役したが、結局、大法院（最高裁判所）の無罪判決で社会復帰したのである。自分に被せられた七つもの罪に対し、一九九三年十二月二十九日、無罪の判決を受けたというから、ただただ唖然とするばかりである。そんな彼は、「二〇人の犯罪者を逃すようなことはあっても、たとえ一人の罪のない人間を犠牲にすることはあってはならない」と言っている。

二〇年前に東京で知り合った在日韓国人二世の実業家、金時鐘会長は、実に多情多感な先輩である。日本での生活の中で、実に多くのことを学ぶきっかけになった人物である。日本での三年六カ月の間、彼から学んだことは、根気と事業に対する卓越した手腕、そして信頼である。人生のもっとも重要なものを再考する機会を与えてくれた実にありがたい人物である。

六年間という実に苦しかった院外生活において大きな支えとなってくれたのが弟、クムサンである。八つの資格を持ち、今は総合建設会社を経営する、弟であり同志でもある。この場を借りて感謝の気持ちを伝えたい。

親友である金ウンソ、台湾の李ジェバン国策顧問、王ユンギ会長、アメリカのパク・ジュン、中央防水（株）のユ・ジュングン会長、現代産業開発のL・K社長、日本の島西さん。正直で正しい道を歩めるよう勇気を与えてくださった方々。彼らの類まれな人生をすべて紹介できないのが残念である。

第二章　私は柳晙相だ

日雇い労働者協会の催し（永登浦駅前）、著者は社団法人日雇い労働者協会の名誉会長を勤めている

中央情報部

あの当時のことを思い出すと今でも恐怖で背筋がぞっとする。

かつて飛ぶ鳥さえも叩き落とすと言われたあの場所、そこの空気を吸って生きて帰って来ただけでも不思議な目で見られるほど、本当に恐ろしいところである。

その場所とは、後に全斗煥大統領が安全企画部と名を変え、安企部と呼ばれ、さらに現大統領が過去のイメージを払拭しようとその名を国家情報院と変えたところである。

何がともあれ、私が中央情報部から生きて帰れたことが今でも不思議で仕方がない。彼らは私の家族や親友の人的関係まで詳細に把握していた。

金大中が選挙にはじめて落選した一九七一年、私が李重載議員を応援していたことでそこに連れて行かれた。ある部屋に通され、周囲を見渡すと、相手の声がやっと聞こえるほどの大きい机だけがひとつ真ん中に置かれていた。真ん中は板で仕切られ、彼らの怒鳴る声だけが部屋中に響き渡り、恐怖心を煽った。部屋の中は暗くて、陰鬱であった。あの場所で何人もの人々が私と同じような苦痛を味わったのだろう。

『忍冬草の朝』の中でも書いたが、悲しい政治人生の遍歴を吐露した金大中は、「中央情報部共和国」にもっとも頻繁に出入りした人であろう。

「柳晙相、これがお前に関する資料とファイルだ」

彼らが私の前で広げて見せた資料には、それまでの私の行動をすべて明らかにする写真や、家族をはじめすべてに関するものが記録されていた。それを見た瞬間、あたかも私が国の反逆者になったような気分になった。

それが最初であった。前にも述べた通り、野党支持勢力の先頭に立っているという理由で、私は彼らのターゲットになっていたのである。言動一つが恐ろしい犯罪となる時代、私はそんな時代を生きてきたのである。

離れて暮らす息子とメールのやり取りくらいはできる新世代パパでありたいと思い、仕事の合間を見つけてはインターネットに親しむ努力をしていた私は、あるとき『中央情報部』を検索してみた。

ところが、そのサイトのどこを見ても中央情報部に関する内容は出てこなかった。そこに現れた安企部に関する当たり障りのない資料を見ながら、あれほどにも多くの情報を備えていると言われているインターネットにさえも、公開されない隠された世界があるものだと今更ながらに感じたものである。

『中央情報部』に関するいかなる情報も、資料に値するようなものは見つからず、中央情報部の人権に関するホームページもすでに閉鎖されて、アクセスすることさえできなかった。

しかし、それでも今は、その当時には予想だにしなかった世の中が実現した。故鄭周永会長は、牛を引き連れて北朝鮮を訪問してきたし、金大中と金正日はお互いの髪を同色に染め、抱き合った。大統領ということばの後に「閣下」という二文字をつけることを拒んだ時代、周りを見ながら恐る恐るその単語を省いていた時代を考えると隔世の感がある。政治を風刺する芸能人や国の最高元首に似ているだけでテレビ出演を断られた時代はもう終わった。毎朝、授業の前にお辞儀をしなければならなかった故朴正熙大統領の写真や全斗煥元大統領の写真のかわりに太極旗や学習目標などが掲げられた教室で学び、現大統領の人気度を堂々と設問調査をする、ごく当たり前の世の中にようやくなりつつある。それにもかかわらず、いまだにもどかしいのが、社会と足並みをそろえて生まれ変わろうとしない政治の世界である。

「柳晙相！　お前も金大中に資金支援しただろう」

私が二度目に中央情報部に連行されたときに問い詰められた質問である。一九八〇年、金ジュンウィ議員（ハンナラ党所属）と『指導者の微笑み』という本を共同執筆したが、その本が出版された以降、私は「中央情報部共和国」のブラックリストに再び載せられていたのかもしれない。

このときは、五・一八光州民衆抗争後、献血運動で金大中を支援した、という答えが準備されていた。この時も殴られ過酷な拷問を受けた。

「金大中を大統領にしなければならないと、お前が資金支援と人集めをしたに違いない」「やったことを日時別にすべて吐け」と言われた。

いくら否認しても、そこでは無嫌疑がそのまま罪となるところであり、否認を続けることはただ余計な鞭を打たれることを意味した。鞭で打たれ続けて何回も気を失った。無分別な暴力の前でただ踏まれるまま、殴られるままにであった。

鞭は薬になるという諺がある。残念極まりなかったが、私は彼らが望むままにすべてを受け入れるしかなかった。私は、金大中先生と直接面識があったわけではなかったのだが、仕方なかった。私と金大中先生との対面は後に彼がアメリカに亡命した時、昼食を共にしたのが最初であった。

しかし、彼らが同意を求めれば「イエス」、否定を求めれば「ノー」と答えるしかなかった。そうすることによって相手も単純に「おい、このクソガキ」から「柳晙相、あなたはね」と態度を軟化させてきたのである。こうして中央情報部への二度目の訪問を終えたが、またもや彼らと対面しなければならない因縁の事件が起こったのである。

それは宝城、高興で、国会議員出馬のため民韓党の推薦を受けたことが原因だった。その時は前回の経験から、そこでのやり取りを冷静に行い、いかにも相手の発言に同意するかのようにただ頷くことにした。すでに彼らの意図するところを分かっていたので、それに逆らわなかったため、三回目は比較的早い時期に解放された。こんなことはまともに対応しない迂回作戦で行くのが良いと思った私の判断が、見事に功を奏したのである。最後に彼らは私に、現政府と大統領に対する批判をしないよう釘をさし、お互いにうまくやっていこうと言った。かつて政治に関わった人の中には、中央情報部との間でこのような深い因縁（?）を持った人は少なくないと思われる。

中央情報部の連中はきっと、カラスが飛び立ったから柿が落ちたという風に、運動場で子供が蹴ったボールが教室のガラスを割って入り、教室にかけてある大統領の写真を割ったというだけで、彼を反政府分子として連行しただろう。そのような中央情報部と私は三度も関係を持ったのである。

政治とは不思議なものだ。一夜にして人生に大逆転をもたらす。男なら誰でも一度は夢見る道ではないかと思う。私は今も、政治に志を立てて歩んできた道を後悔していない。企業人として、学生として、かつては刑務所にも入り、職場も追われ、野党国会議員となって辛辣な批判もし、またされた経験もある。そのうえ、公薦で落ちる苦い思いをしたこともあるが、政治は実に魅力ある道であり、今後も歩んで行くであろう唯一の道である。

あれほどの辛苦の歳月を乗り越え、その痕跡が未だに残っている金大中でさえ、大統領に当選し、国家の元首となり、かつての苦労を微塵も見せずにその任務に情熱を燃やしているではないか。

「あの中央情報部共和国」の暴行も、現在の地位に立つためのもうひとつの政治的な歴史であるように、世の中とは、いや政治の本質とはそんなものではないかと思う。昨日の敵は今日の味方になるような、そんなおかしな出来事は日常茶飯事なのである。

政治にも休みが必要だ

人もときには休む必要がある

人もまた休むときを知る必要がある。あるグループがテレビの番組で言ったことを思い出す。「私たちはしばらくの間、みなさんの元を離れて、長い旅に出ます。またみなさんと会えるそのときまでどうかお元気で、私たちを忘れないでください。今よりも一回りも二回りも成長して、新しいアルバムと共に戻ってきます」

芸能人の中には、絶好調の時に一歩身を引く人がいる。留学や新しいアルバムの制作、ドラマや映画出演のための休職、勉強のための再充電時間などである。一例として、お笑いタレントの李ホンリョル氏がそのような人であると思う。

彼は、背が低く、だからといって皆に愛されるような特徴や特別な魅力があったわけでもない。ただ彼は、才能や瞬発力、言語力に優れており、その話術で爆発的な人気を得ていたのである。そんな彼がある日突然、世間では中年と言われる年齢で日本への留学を言い出したのである。ほとんどの人間が一度足を踏み入れたら抜け出すことのできない「マスコミ」という巨大な誘惑を果敢に振り払い、誰もが持ち得ないような学究への情熱を持って日本行きを決行したのである。そして彼は、約束通り芸能界へ復帰し、高い人気と「知識」に基づく幅広い言葉や表現力を駆使して視聴者を楽しませている。

政治にも休みが必要だ

私は、第一五代国会議員公薦の思いもよらない脱落後、しばらくの間深い政治スランプに陥り、放心状態であった。二〇余年という歳月にわたり政治の一角に立ちすべてを注いできた私に、「公薦脱落」という事実は誠にショッキングなもので、支え立つ基盤を失った。選挙が終わると党を移籍してしまう議員や、互いに足を引っ張り合うのに忙しい議員のような名ばかりの議員とは私は違うのだ。難しいと言われた四選議員にもなったのではないか。こんなこともあるさと考え処理するにはあまりにも状況が厳しかった。当選を繰り返した私は言うまでもなく、家族や妻にも実に大きな精神的、経済的致命傷を与えてしまった。

妻は、以前のように自由に体が動かせないほどに健康を害してしまった。息子のジミンは、私の経済的困窮により離れて暮らしている状態である。そして私は現在、娘と妻と共に三二坪足らずの賃貸アパートで暮らしている。私は男として誰よりも強い人間だという自負心もすて、やるせない気持ちで一人泣いたりもした。

しかし私は、自らあきらめてしまわないように何度も自分に言い聞かせ、自力更生の意味をかみしめながらチャンスが再び訪れてくれるときを待つしかなかった。本意ではなかったものの、私は一時的に政治から離れなければならなかったし、またそのことで自ら休息を取ることも学んだ。私はもっと学ぶ必要があった。もっと知るべきことがあったし、未来に向かって新しい政治、経済、社会を理解するためのグローバルな思考を身につける必要があった。日本や中国に行き、また世界を自分の目で見ることにした。

私は金ビョングァン会長の名誉博士号授与が行われた早稲田大学の入学式に招待された。その大学の物静かでしかも派手ではない、それでいて学生たちが感激のあまり微笑みを浮かべている入学式を見ながら私は、このすべての成長の基盤となっているものは何であろうかと考えてみた。日本という国は、騒々しさのない静かな国であり、それでいて強さのある国ではないかと思う。

海が青い日本。山は緑が生い茂り、人々の心さえ清廉とした青々しさを感じさせるような日本。彼らは限りなく正直で親切だ。そのうえ、団結力があり、国家意識が強いように見える。だからわれわれは、隣国でありながらも遠い国として感じられる日本を警戒せざるを得ないのかもしれない。いつまたその団結力でわれわれの心を、精神を、そして国土を侵略するか分からないからだ。

早稲田大学の入学式については、『日本、冷静に学ぶべきことは学ばなければならない』というコラムを書いた。私は、われわれが警戒しなければならない点や、見極める能力を養わなければならないことについて述べた。

二〇〇一年三月三十日、日本へ旅立った。とりわけ空が高く感じられ、夜がまだ明けきらない早朝の澄んだ空気を吸い込みながら、うきうきする気持ちで七時ごろ家を出た。アジア太平洋地域のハブ空港となる仁川国際空港の新しい空港路を走りながら、この空港の素晴らしさを改めて実感させられた。単一面積としては最大級の空港であるとの関係者の説明を聞き、旅立ちの喜びを静かにかみしめた。一一時三〇分の大韓航空に乗り、成田空港に着いたのは午後二時四〇分。

限りなく続く紺碧の海の雄大な姿と手のひらほどの日本列島を見下ろしながら、韓国と日本という因縁の歴史の流れを思い浮かべていた。

いつも私は空港から東京まで電車を利用していたが、今回は、一九九六年七月から一九九九年五月にかけて知り合った早稲田大学の関係者側が用意してくれたバスを利用することになった。途中、時折雨も降り、交通事故による多少の渋滞もあったが、一行と共に日本人の特性について熱く語り合いながら時間の経つのも忘れていた。

桜が咲き乱れ、川には大きな鯉やカメがのんびりと泳いでいる。周辺の景色はいかにも日本らしい雰囲気を醸し出していた。午後二時開会の三分前に学校側の案内で式場に入り、最前列に座った。校旗、総長を先頭に事務課長、総務部長、そして名誉博士号受賞者たちの入場が終わり、司会者の進行で早稲田大学の学部入学式が行われた。東京の春は桜の開花とともに始まるかの如く桜の咲き乱れるキャンパスでの入学式は、日章旗の掲揚とともに開会された。

私は、娘の大学の入学式に出たことがある。実に厳粛極まりない入学式。大統領や行政部国会、司法部長官、大学総長などの祝辞のように、権威的なイメージを与えるだけの形式的な式次第、そのうえ、国会議員や長官をこぞって招待し、舞台で派手に紹介するだけの見栄っ張りな入学式を思えば、日本の入学式はわれわれよりも一歩先に進んでいるという感を拭えない。日本の教育もまたしかりだ。日本の学生は団体活動に慣れていて、その秩序や整然さには驚くばかりである。秩序があり物静かであるため、教師はコントロールしやすいし、教育も効率的に行うことができる。

以前、わが国で異色な大学の入学式が新聞で話題になったことがあった。「弾む」という入学式である。最初に、校舎の屋上に電磁波を使って国旗が掛けられ、学生や父兄の注目を集めた。次には太鼓を打ち鳴らして、入学許可宣言と学父兄に感謝の言葉を送るといった内容であった。その中でもジャズや声楽家の公演、アンサンブルによる祝賀演奏は、新入生にとって一生忘れられない思い出となったのであろう。

一方、早稲田大学の入学式では、わが国では恒例となっている花輪はまったく飾られていない。金ビョングァン名誉会長の博士号授与を祝う金大中大統領から送られた花輪だけが、壇上にただ一つポツリと置かれているだけであった。本来ならば受け取らない花を今回は例外として学校側が配慮したのである。祝辞を述べる方々だけでなく、内容や式場の雰囲気もまた実に感動的で、他山の石とすべき内容であった。

国民がしっかりすれば国もよくなる。学生らしくない学生、子供らしくない子供、このすべてが正しい基本教育と基本精神にかかっていると言っても過言ではない。今こそ自浄純化能力というものを育てなければならない。時代は変わった。自尊心を傷つけられ、民族的鬱憤が極限に達したときもあったが、今私たちはもう一度冷静になって日本を見つめ直す必要がある。私たちは、勤勉と節約の美徳を掲げ、跳躍と前進を約束する民族となるために再充電しなければならない。口先だけで騒ぎ立て、自分さえ当選すればよい、自分の政党さえ勝利を収めればよいというような手段を選ばない政治家は歴史の舞台から消え去るべきときが来ている。

ただ政治家という肩書きを振りかざし、権力を手に入れるために血眼になり、各政党が互いに足を引っ張り合って争うことで、真の政治の意味を乱している。グローバル化時代、マスコミも政治もまたその流れに沿って行かなければならない。

東京での最後の夜が更けていく。果たして何を学び、彼らのノウハウをどのようにしてわれわれの現実に適用させればよいだろうか。私たちは、未来志向的親交を結ばなければならない、今まさに新しい時代に突入している。私たちの悩みはそこにある。私たちにとって、大切なものをいかにして守り、育て、そして他国の歴史をどのレベルまで理解し、受け入れるのかを真剣に考えなければならない。

二度と亡国の犠牲者とならないためにも真の愛国の道を探し求めなければならない。新しい意識体系の構図を作り上げるという課題とそれを実現する責任が私たちに課されているからだ。

日韓両国の政治に似ている点が一つある。それはまた、世界各国の政治家に共通する部分かもしれない。リップサービスと政党間の派閥。もちろん、それ以外にも政経癒着や腐敗のスキャンダルは必要悪と言ってもいいほど政治と密接であることは言うまでもない。しかし、彼らが持つ長所でわが国と決定的に異なるのは、前官礼遇(退官後も待遇を受ける)があるという点、すなわち後援勢力が維持されるという点である。

わが国の政治の場合、現職でなければ既に満潮の如く、沖に流されてしまい、再び現職に就けば、引き潮の如く、引っ張ったゴムが瞬時に縮むかのように周囲から人がわんさと集まってくる。人の偉大さを決めつけるのは信義ではないかと思う。誤った政治人生を終えなければならなかった全斗煥大統領ではあるが、常に陰で見守るチャン・セドンという信義を守る人物がいた。彼こそが「大丈夫です」なのだ。

君は金大中をまだ理解していないのか

一時期、私は金大中に憧れていた。いや、言い換えれば、人を引きつける彼の思想や彼の「人を駆り立てる魅力」の虜だった。彼の行くところならどこへでもついて行き、彼の力説にひたすら頷いていたものだった。このような私の一方的な片思い(?)と信義は、後に私を中央情報部（現在の国情院）に三度も行かしめることになった。

彼との関わりは、私が初めて投票権を行使した年でもある一九七一年、高得票数でありながら朴正熙（元大統領）候補に負けて落選した彼の初出馬の際に、彼に一票を投じたことや、一九八〇年、五・一八光州事件のとき、偶然にも野党議員と共に彼の自宅を訪問したこと、私の結婚式の写真アルバムを彼に渡したこと、それだけである。

そのときは、金大中はまだ私の存在など知らなかったし、私のほうも、彼の追従者たちのように一挙手一投足に深く関与するということもなかった。ただ仲間のような気持ちで金大中に心とそして若干の物質的支援をしただけである。

これが中央情報部に連行された理由である。

李厚洛部長の在職当時、公明選挙キャンペーンを通して野党と李重載委員を支援したというのが最初の呼び出しの理由であった。その後まもなく、私は、勤めていた株式会社デノンを強引に辞職させられたのである。さらに私が国会議員だった頃、海東油造という油類輸送会社を経営していたが、外部からの圧力により、大韓石油公社との契約を破棄されたのである。

結局、理由も分からぬまま、契約時に担保にしていた自宅と財産は全部人の手に渡ってしまい、私は無一文になってしまったのである。後にその話を某会社の重役であった大学の先輩から聞かされ、私は心底憤慨した。五・一八光州事件後、金大中に選挙資金を提供したということと、町中に金大中を支持するテープを流したという壮大な罪名により、中央情報部は私を不純分子扱いし、事ある毎に私を呼び出し、侮辱した。

一九八〇年『ソウルの春』。軍出身の全斗煥が政権に就き、金大中はアメリカで亡命生活を送っていて、私が政界に進出しようとしたときである。

私が初選で議員になった一九八五年一月一八日、高校の後輩の鄭某氏（現国情院）の紹介でチェ・ジェスン（現文化観光委員長）と知り合い、レーガン大統領の就任式に招かれた。アメリカに行ったついでに亡命中の金大中と会ってみたいと思い、金弘壹（金大中の息子）議員に紹介状を頼んだ。私はそれを持ってロサンゼルスへ飛び、金大中に会うことができたのである。ちょうど金大中がロサンゼルスに来るという話を黄ジェソン会長と金セミョン（タレント、ソン・ウヨンニョの夫）氏から聞き、ハイアットホテルで待ち合わせした。子息の手紙を渡し、昼食を共にした。金大中が私「柳晙相」を知ることになった最初のきっかけだった。

私の方は、金大中と関ったことで情報部に連行され、二五人の教授たちと共に辛い経験をし、彼を支持したという理由一つでイデオロギー云々と脅迫を受けた。

当時、民韓党所属だったチョ・ユンヒョン議員から金大中に送る言葉を託された。

「わが民韓党には、ハン・グァンオク同志や金ビョンオ議員のような人間がいます。近い将来、先生が帰国されたら、力を合わせて先生をお迎えしますから野党統合を実現させましょう」と。

そしてついに二月八日、金大中先生は帰国した。そのとき、民韓党、新民党、国民党、民生党の四党が熾烈な競争を繰り広げている中、私は、四大激戦地(全南宝城、ソウル城北、忠南礼山、大邱)において勝利を収め、新韓民主党に入党したばかりであった。

一方、金大中総裁は、政界の再調整を行い、民韓党と新民党を統合して、金大中と金泳三が野党統合を政治的コンセプトに掲げ、新韓民主党を創党した。そうして私も民韓党を脱党し、李ジェグン議員とともに新韓民主党に入党した。こうして私は、金大中との政治的共生関係を持つようになったのである。縁は深まり、金泳三と金大中が共同で運営する党の副総務に抜擢されるまでにいたった。東橋洞系の代弁人、民権会の代弁人、東橋洞の総務などの役割をこなしながら私は、本格的に金大中の核心勢力になりつつあったのであ

新民党政策議長のとき、金大中大統領をはじめ、現駐日大使趙セヒョン、ハンヨンス前国会議長など歴代政策議長を招待しての昼食

る。

一九八七年の大統領選挙のとき、私は、再選した国会議員として、いわゆる選挙遊説委員長となり、全国遊説に出た。当時は、五〇万、二〇〇万、三〇〇万といった人々が集まるので、遊説会場の音響装備は最も重要な課題であった。特にマイクは多くの群衆に的確な意味を伝え、彼らを引きつけることができるのでもっとも神経を使った。

金大中を熱烈に支持しているというある在米韓国人からアメリカ製のマイクと音響装備を送ってもらったことがある。しかし、最高の性能を持っているといわれたそのマイクは一度も使うことなく盗まれてしまった。そのため、私は別の音響設備を借りるため東奔西走するはめになった。

当時、〝湖南の先生〟として君臨していた金大中が、嶺南地域で遊説をすると地域感情に興奮した群衆から石を投げられることもあった。私もその石に当たったことがあり、デモ隊に囲まれてもみ合いになったこともあった。あれほどまでに熾烈だった選挙戦を繰り広げながら、自らの精力、心、体、精神そして物質的なものまですべてを注ぎ、献身したにも関わらず、四者必勝論を掲げて奇跡の勝利を収めるかに見えた選挙は、結局、金泳三と金大中の野党分裂により、盧泰愚大統領が政権を握ることになったのである。

金大中と金泳三の相反関係が結局のところ、二人を取り囲む政権勢力と欲深さの結果であると人々は噂した。永遠の同伴者でありながら永遠の敵でもあった二人。

「二人とも健康に気を配り、勤勉だ。それに二人は、人、すなわち人材を登用する手腕がないという点で似た者同士だよ。人事政策において合格点は付けられないということだ」

野党の元老政治家の言である。

あるサイトに金大中大統領の名を使った三行詩がある。

金（キム）――キムパプ（海苔巻き）の海苔が破裂するようなことを言う（「とても信じられないようなことを言っている」の意）

大（デ）――デモリ（頭）でっかちじゃしょうがない。部下を使いこなせずに政治を混乱させたくせに。

中（ジュン）――ジュングク（中国）にまで漁業領域を奪われるのか？　ろくでなし。

やや行き過ぎた表現ではあるが、匿名という強みを持ったインターネットでは何でもありである。彼らが大統領に望むことも実に多種多様だ。

「大統領おじいちゃん、あのね。学校の漢字の時間に習ったものの中に、とても腹の立つ漢字があるんです。姦という漢字は、女を三つ書きますね。だとしたら女性が偽るということじゃありませんか。男性は偽らないのですか？　男性の方がもっと嘘つきです。納得いきません。男女平等と言いながら、漢字の上では女だけが嘘つきになっている。子や男の字を三つ使って漢字を作ることだってできるはずなのに本当に不公平です！　男子の三文字に変えてくれとは言いませんが、姦の字をなくすか、他の字に変えてください。李ヒホおばあちゃん（金大中大統領の夫人）に見せてください。おばあちゃんも、きっと怒るに違いありません」

結構面白い話である。私もつい笑ってしまった。子供たちの賢いところや純粋さを守り、夢を育てる健全な国にして欲しいと願うばかりである。

金大中は長としてすべてにおいてバランスを取ろうとした人であったことは確かである。しかし彼は、彼の周囲に集まってくる人々を選抜することができなかったようである。

私が初めてロスで金大中に会ったとき、今は金大中に反対の立場に立ち、金大中とその息子を告訴したハンナラ党の李シンボム議員とそこで会った。当時、彼は金大中を支持し、物質的にも精神的にも金大中を支えていた。後に金大中と決別した話を聞かされたが、李議員の話を聞くにつれ、確かに金大中にはそういう面があるのだということが分かった。

金大中自らが政治的な立場を利用して金泳三と連絡を取るようにと指示しておきながら(彼は金大中の許可を得て金泳三と会っていたという)、後に金泳三との接触を疑い、誤解していった。それを契機に対立関係に至ったのだと、李議員は言うのである。

私も金大中のために大々的な後援会を主催したことがある。一九九二年、大統領選挙企画団の主席副団長となって李会昌、チョ・スンヒョン議員らと共に、選挙後援会を作って支援したが、結局再び落選した。

このようにして、彼に票を投じることで間接的な支持をした一回目と、第一線で核心勢力となって奔走した二回目と、苦楽を共にして戦った三回目の選挙すべてに敗れたのである。

結局、金大中は一九九三年、政界引退を宣言し、イギリスへ渡り、私は民主党の直選最高委員選挙に出馬し、八人中二番目で当選し、独り立ちに成功した。

おそらくその頃から金大中との目に見えない問題が起こりはじめていたのかもしれない。六カ月後、金大中はイギリスから戻り、政界復帰を果たしたが、京畿道知事候補を選出する過程において、民主党が当時後押しし、金大中も目をかけていた李鍾賛候補が別の理由で立候補を辞退し、李基澤氏が支援する張慶宇が候補として選ばれた。このような成り行きの仲で私に対する誤解は生まれた。

一九九五年、初の自治体選挙の年に金大中総裁が先頭に立って支援してきた地方団体長選挙にて、彼が望んでいたのはソウル市長に趙淳候補、京畿道知事には李鍾賛候補であったが、この理想的なコンビを生み出す企画を潰したのは柳晙相であるという噂が立った。それだけでなく、張慶宇同志が京畿道知事候補になったのは、私が李基澤を支援したからだといって私を政治的謀略に陥れたのである。

確かに張慶宇は私の大学同期であるが、立候補を断念するように勧めたのは私である。しかし、党内の選挙過程において、一二代議員のときに私の秘書を務めていたチェ・ギョンソプが、自己の私欲のために「柳晙相特補」と書いた名刺をばらまき、張慶宇の選挙運動を行ったのだが、そのためにまるで私が中心となって行ったかのような誤解を生んでしまったのである。結局、私はその謀略の犠牲者になってしまった。この謀略は総裁の側近と現政府の中心人物である朴某議員、権某議員がその首謀者である。かつては同じ釜の飯を食い、頭を突きあわせて政治懸案について話し合った彼らが私に背を向けた形となった。

張慶宇は、李基澤を支援した柳晙相が自分を京畿道知事に祭り上げ、そのために京畿道の候補が李鍾賛にならなかったのだとする説を、後に金大中総裁が自治体選挙中、木浦にて李ヒホ女史も同席の中で、私の家内に語ったのである。

「柳議員は私が描いた理想的な構図を壊した人である」

それでも私はまさかと思い、まだ彼を信じていた。地域区管理問題や今までの議会活動においてより忠誠心を示してきたはずであるし、とにかく私に背を向けることなどあり得ないという自信があった。また私は、何度かロッテホテルに部屋を設けて事実釈明をした。全羅南道の麗水観光ホテルや麻浦ガーデンなどで機会があるたびに説明をしたにも関わらず、結局、信頼を得られなかったようである。

その後金大中は、新政治国民会議を創党してその総裁となり、完全な政界復帰を果たし、私もやはり彼を追って新政治国民会議の創党メンバーとして指導委員となった。あのとき、私の兄や高麗大の金チュンリョル教授、チャン・スワン同志をはじめとした多くの方々が金大中の元には行くなと忠告してくれたのだが、長年にわたる彼との縁を信じて疑わなかった私は、忠告に背き入党という選択をしたのである。そのうえ、私は、権魯甲議員と新羅ホテルで会い、二度にわたって念を押した。

「私は公薦が受けられるのでしょうか」

「何を言っている。公薦のことなど心配しなくてもよい」

その後、金弘壹議員（金大中の息子）を支援している安ヨンチル（現在、電子通信監査）同志が、私に入党を勧めながら、「公薦など心配ご無用」と言った。また金弘壹議員も「父には柳議員が必要な人材であるとよく話しておいた。誤解を解くようにも話しておいたから心配しないように」と、私の妻にまで電話をかけてきたのを見ると、彼が必死で私を支援しようとしていることが伝わってきたのである。

しかし、私は愚か者であった。もっぱら金大中に対する信頼と忠誠心さえあれば安泰と思っていた。私を捨てるようなことはないという慢心と信頼心があったからである。

しかし結局のところ、公薦審査委員会という玉虫色の制度的圧力の犠牲となり、公薦を外されたのである。想像を絶する衝撃を受け、すぐさま金大中のもとへ行った。私は気を引き締めて麻浦ガーデンに金大中と会いに行った。

「総裁、東亜日報の記事を見て昨晩は一睡もできませんでした。兄弟たちが集まって長時間にわたり会議をしましたが、新聞に書かれるほどの金は、私にはありません」

目に見えない世論によって、私は、二〇〇余億ウォンをはるかに越える財産家に仕立て上げられていた。

「それから京畿道知事の件に関しては、何度も申し上げますが私は潔白ですし、張慶宇は、私が祭り上げたものではありません。謀略です。私は全国区への欲はありません。ハン・ヨンエ同志に全国区の公薦をなさって、私は宝城と和順を合わせて事務室と組織の整備を行い、圧倒的な支持が得られるように整えておきましたので私を支持してください。二〇〇億ウォンの財産と高層ビル云々はすべて嘘です。次の大統領選挙では、再び渾身の力で総裁が大統領になられるよう献身いたす所存です。私の忠誠を信じてください。重鎮議員として議会生活も熱心に務めてきましたし、私なりに経済学の勉強もしてきたではありませんか。もう一度チャンスをください」

私は一気にしゃべった。今までの金大中との紆余曲折が走馬灯のように頭をよぎった。

「記者室の雰囲気は、今回の公薦で万が一柳議員が落ちたとしたら、いわゆる国民会議公薦の意味がなくなると囁かれているようです」

金大中総裁の答えだった。

そして、第三の人物は、弁護士出身の朴某氏と言い、権魯甲議員がよく知っている人物だと言った。それにしても、わずかな期待を抱きながらその場を後にした。そして最後に釜山地域を回りながら、新政治国民会議地区党創党大会の祝辞を述べたり、朴ジョンス議員と金ハンギル代弁人と共に改編大会に出たりしたが、未だに公薦名簿に私の名前がないのを知った。直ちに金大中が宿泊していたスイスグランドホテルに駆けつけたが、すでに休んでいるとのことだったので、翌朝再びホテルを訪ね、公薦の話を申し入れ、回答を待つと伝えた。

しかし、李ジェマン秘書から権魯甲議員に連絡をしておいたという電話だけであった。返事をくれると言いながらそれ以上連絡はなく、結局私は、公薦に脱落し、無所属議員として出馬せざるを得なかったのである。

これが金大中と私との関係の結末であった。

自由に発言せよ

私はかつて「リトルＤＪ（ＤＪ＝金大中）」と呼ばれるほど金大中の側近中の側近であり、政策ブレーンの一人であった。一九九五年の国政監査では、重鎮多選議員の中で私はもっとも活躍した人として選ばれていた。完璧な事前調査で臨んだ監査では、積極的な質疑と鋭い指摘をしたことで、中央日刊紙に「行政経済委ベスト5」として紹介され、また、ＭＢＣ最優秀議員に選ばれたこともある。国民会議財経委チーム長として所属議員の国政監査戦略の陣頭指揮を取りながら、名実ともに指揮官として第一線に立っていたのである。

もちろん私は、現役議員ではないが、ソウル市広津区の地区党委員長を務めながら政治との縁を切らずにいることも事実だ。

しかし、政治とは一度その縁を切ってしまえば再びその縁をつなぐのは実に難しい。物事には流れがあるように政治にも流れがある。私は今の休職期間中にその流れを静かに眺めているところであるが、容易にこうであると断言できないところがもどかしい。

ＩＭＦで混乱していた民心も新しい変化を求めるようになり、混乱した民心を引っ張り、強い指導力で勝負した第一野党が新しい執権与党となり、現在の政府となったように、さらに厳しくなったわが国の状況と経済的損失で心身共に疲れ果てた民心はどの方向に傾くのか、それは誰にも分からない。

私は隠し事が嫌いである。その故に、躓くことも多々ある。会を主宰したり国政監査においても、私の積極的な姿勢に後輩議員から苦情を聞かされたりした。かつて私は、李会昌総裁に「能力は啓発できても性格は直せないではありませんか」と言ったことがある。すると総裁は、「柳議員は時々毒舌家の一面を持っているようですね」と返したのである。

私はいわゆる一種の強硬派タイプである。すべての物事に対して白黒はっきりさせなくてはならないと思っている。安易な妥協をせず、資金をめぐるスキャンダルもない。ハンボ（韓宝）事件のような腐敗した事件に連座したことも一度もなかったという事実を、私は内心誇らしく思っている。そんな私に李会昌総裁はさらに続けた。

「私も法曹界一筋で生きてきた。しかし、初めて道を間違えて政治の世界に足を踏み入れてしまいました。そうなった以上、自分の所信を持って政治を行っているつもりですし、要は、その根本が正義であるということです。わが党には柳議員のような人間が必要です。これからも私の力になってください」

李会昌総裁は「法律に従って」「割り竹」などといった法曹界出の人間にふさわしいあだなで呼ばれ、その剛直性を彷彿とさせるような逸話は時折聞かれる。

彼の実家は祖先代々法律家であり、彼は政治家にならなければ法律家として一生を終えていたはずである。しかし、解放以来現在まで、歴代指導者の失政を傍観しているわけにはいかなくなり、法曹界を後にして政治の道を歩むことになったのである。もちろん、国民は諸手を挙げて歓迎した。彼のイメージは新鮮かつ強烈であり、「竹を割ったような人物」との噂はたちまち広がり、人々は彼に注目した。そんな彼が、一九九七年の大統領選挙のとき、高い支持率で次期大統領にほぼ決まるだろうと予想されていた。しかし、彼はその大統領選に敗れ、はじめて政治の明暗というものを思い知ったようである。

金大中候補が四〇・三％、李会昌総裁が三八・七％の得票率で、その差はわずか一・六％であった。彼は、嶺南地域の六選挙区で一位を占め、金大中がそれ以外の一〇区を占めたのである。過去の選挙がそうであったように、東西間の地域対決の構図が再現されたのである。

私は全羅南道宝城の出身で湖南の人である。そしてわが党の総裁は、本籍は忠南であるが、まるで嶺南の人のようである。

あまりにも剛直なイメージがする彼に、「総裁もこれからは胸襟を開いて、公の場で人々と積極的に交流し、総裁自らの真の姿をお見せになってはいかがですか。そのような真実の姿を見せてくだされば、総裁に対する党員や国民の評価はさらに良くなるはずです。今後はぜひその面で積極的になってください」と提案をしたことがある。そうすれば誤解も生じないに違いない。冷徹かつ潔癖なイメージの彼が執権したら、報復政治をする可能性が高いと仏教界のある僧侶が発言し、李会昌の心中が穏やかでない時期もあった。

短い期間ではあったが、李会昌を側で見守りながら、総裁はもちろん法律家の持つ限界を感じさせることもあったが、誰よりも清く正しい人であり、気さくで質素、かつ中庸の徳をわきまえた人物であるということを感じた。

総裁は、最後に、「これから柳議員は私の伝道師になってください。私は自分に残された人生を民心と天意を知る政治に捧げようと思います」と言った。私は李会昌総裁の賢者のようにまっすぐな性格とその核となるものを感じ取っていたので、私には真摯な言葉として伝わってきた。

ここ一〇数年を振り返ると、経済や社会全般にわたるすべての秩序が崩れ去り、実質経済はこれ以上悪化できない状態にまで来てしまった。このようなときこそ国民優先の政治を考え、実践する李会昌総裁の強い意志は、経済と社会全般に大きな活力となるだろう。欲を言えば、党内民主化に果敢に挑むもう一つの強い意志を持つことが必要であると思う。

統治とは選択を意味する。政治家や大統領は常に自分が抱いている政治懸案やあらゆる選択を行う場に立ったとき、最優先で最善の判断を下さなければならない役割を統治者に求められるからである。

私は現在、ハンナラ党の党務委員として党務会議に参加している。私は会議に出る前に、資料を準備しながらいつも選択を迫られる瞬間に行き当たる。たとえ小さな事案であっても党の結束を優先しなければならない。また最も急を要する事項から先に選択しなければならないからである。選択をするということは責任を果たすことである。

したがって私は、自らの責任において自由に発言することが好きであるかも知れない。

「柳晙相議員、自由発言を行ってください」

党務会議での発言録

二〇〇〇年十二月十三日（水）第五三回　発言録

①党務会議開催に関して＝野党だからこそ、最高議決機関である党務会議を頻繁に開催す

ることが民主政党のあるべき姿であると思う。

②わが党の政局対応に関して＝総裁の国会無条件登院の決定は正しい。しかし、野党および党外からのわが党に対する戦略に対抗して、両党構図の信頼構築のための戦略的立案や内部結束強化のための党内戦略が不足している。

③国家経営の基本戦略とビジョンを提示すべし

二〇〇一年一月十二日（金）の第五五回党務会議の発言録

①安企部資金事件に関して＝ハンナラ党は過去の新韓国党ではない。従って今回の事件でより重要なことは、「党務会議にて何を決議するのか」ということと、「総裁の方針を党務会議での決議案としてバックアップしなければならない」ことである。

二〇億＋αを金大統領が安企部から受け取ったということが事実であれば、李会昌総裁の場合と比較すれば重大な問題である。

国庫の手形がわが党に入ってくるはずがない。それでは、流入した資金は安企部からなのか、統治資金の一部なのか、予備費なのかをまず明らかにし、それに沿った適切な処置を取らなければならない。

②党務会議に関して＝われわれが野党である以上、党務会議には欠かさず参加し、真摯な討論を通じて結論を収束、引き出さなければならない。

二〇〇一年十二月五日（水）第七二回党務会議議事録

①教員延長に対する党論調整措置は、結果的に成功である。

②民主党の最大株主である金大中が総裁職を辞職した後、民主党は、党内民主化と刷新に力を入れている党として認識が高まっている。わが党も指導体制（党権、大権分離）と全党大会議の実施時期などに関する真摯な議論の場を設けなければならない。

今振り返ると、私もまた若かりし頃、政治的判断に関して未熟だったときもあった。直接的な懸案を後にして、政治という断片的な思考だけに偏った判断をしてきたいくつかの事柄が今更ながらに思い起こされる。

ホームレスから大統領まで

私が国会議員だった頃、『海東油造』という油類輸送会社を意気揚々と経営していた。私の議会活動を快く思っていなかった中央情報部の圧力により、全財産を担保にしていたガルフとの契約が取り消しになり、一文無しになったことがあった。

当時、私はもちろん政治家としての懐疑もあったが、何よりも妻や子供たちに対する父親としての経済的責任感から大変辛い思いをした。家庭を責任持って引っ張って行くことがどれほど困難なことであるかを切実に感じた経験であった。

わが国の長期的景気沈滞は、経済的危機をもたらし、都市の片隅でかろうじて生きてきた多くの家庭を崩壊させた。多くの人々がホームレスとなり、道端に溢れ、地下道や公園のベンチをさまよい、いたるところに設けられた宿はホームレスで溢れていることが連日ニュースを賑わせた。

ある研究機関がホームレスおよび一般人を対象に行ったアンケート調査の結果がある。もっとも印象に残ったのは、ある高校生のインタビューであった。

「どう感じるかって、はっきり言って路上や地下鉄で毎朝新聞を被って寝ている人たちを見ると可哀相に思います。実に惨めな感じもします。出くわしたくないしね」

ホームレスの問題は、昨日今日起きた問題ではない。ホームレスになった理由を聞くと、自分ではどうにもならない経済的問題があると答えたのは、四〇九人の中で半数を超える五二％であり、個人的事情の「究極の選択」であるとの答えは一六％、その他に、仕事が嫌い、怠惰、精神疾患やアルコール中毒、運の悪さ、暮らす住宅がないなどとさまざまである。

私自身、政治入門で全財産を根こそぎ失い、信じて疑わなかった公薦に脱落する苦しみも味わった。一時期は、裏切られたという気持ちと初めて経験した敗北による挫折感から虚脱状態に陥ったこともあった。ただ当時の政治に対する懐疑と自分自身への自戒の念により、私はただ呆然とさまよっていた。

ＩＭＦの寒波で人心が冷え切っていた頃、私は大学の後輩と会うために寒さに凍える街に出た。救世軍の鳴らすベルを聞きながら、ソウル駅前の広場を歩いていた。大雪で後輩は家から出ることができず、彼と会えずに家へ戻る途中、路上にいたホームレスが目に止まった。彼は、道端で寒さに十分堪えられるほどの厚いムートンのジャンバーを被り、その隙間から目だけを覗かせて道行く人々を見上げていた。

実に惨めな光景であった。汚れた分厚いムートンを着たその男に、道行く人々の視線は厳しく冷たかった。私もただお金だけをやって立ち去ろうとしたが、寒さと共に過ごさなければならないその若いホームレスが気にかかった。「一杯呑むか」と話しかけた。彼は感謝でいっぱいの顔をすると同時に理解ができないといった視線を私に向けながら、辺りを片づけはじめた。

私たちは近所の屋台に場所を移し、まるで親しい旧友のように酒を酌み交わした。所帯を持ちたくないいか、道端のホームレス生活をいつまで続けるつもりなのか、と聞いてみた。

「どうでもいいんです。遠い親戚がいることはいるんですが、両親も兄弟もいない、天涯孤独の身なのです。こんな自分に来てくれる女性などいませんし、第一私には家族を養う力もありません。かつて五年間身を捧げて勤めた会社も倒産し、突然月々の家賃も払えなくなってしまいました。暮らす家がなければ女も来てくれません」

あのとき、どんな心情で見ず知らずの彼と長時間、酒を飲み、話を交わしたか覚えていないが、私もやはり同様に不景気を肌で感じていた人間として一種の「同病相憐れむ」の心境だったのかもしれない。

根本的なことかもしれないが、これまでのわが国社会の過ちとは、国家が行うべき社会福祉政策やその責任をすべて家族に任してきたということである。

家族関係が脆弱な人は、長期失業者になったり、疾病にかかるなど、社会的危険に直面すれば成す術もなく途方に暮れてしまうことからも分かるように、ホームレスになる人は、大概社会的関係が脆弱であることが多い。つまり、借金に追われても保証人になってくれる友人が一人もおらず、経済力がなくて部屋も借りられない人、頼れる親戚もいないような人は、道端で野宿生活をするしか方法がないのである。

また、見慣れぬ土地を旅して、みすぼらしい身なりで地べたに座っているホームレスや、今にも倒れそうな表情で苦しそうな失業者の落胆した顔を見ると、飲まずにはいられないような気分となり、屋台に立ち寄って心温かい女将さんの世間話を酒の肴に、一杯やったりもする。

隣の国、日本でも「ホームレス」は社会問題になっているという。日本では、東京の中心地、渋谷の宮下公園で、ごみを拾ったり、落書きを消すなどとホームレスのために「宮下梁山泊」という自治団体まで作っている。そして、公園や駅に溢れているホームレスを集め、自治団体という名で、情報交換や職業斡旋をしている。もちろん、日本もまた溢れかえるホームレスの数に顔をしかめることもあるが、各種の対策が真剣に検討されているという。どこの社会でも人の住むところは似たり寄ったりであるような気がする。

ソウル駅で出会った若いホームレスは、夫の暴力に耐え切れずに家を出た顔見知りのホームレスの母と娘の話をしてくれた。希望の家と呼ばれるホームレスの宿舎で寝泊りしている、母親とミンへという六歳になる少女があまりにも可哀相だと言って涙ぐんだ。夫の暴力に耐え切れず幼い子供とともに家出をして一年以上も永登浦駅周辺で野宿生活をしたという。一時期は、伝道師と共に教会を転々としたこともあったそうであるが、今は、母子とも健康を害して危機に瀕しているという。このような悪循環を断ち切るのは、できる限り家族関係を復縁させることである。

中小企業を経営していた知り合いの李氏は、一九九八年に会社が倒産し、後にタクシー会社に就職した。しかし、借金は増えるばかりで、先月には家まで競売にかけられ、ついには一家離散となってしまった。このような話を聞くと、この世の同じ父親として虚脱感が限りなく押し寄せてきて仕方がない。

人間の営みが続く限り、喜悲劇は繰り返されるだろう。だからこそ、私は政治に魅力を感じて政治に身を捧げようと思い立ったのかもしれない。給料もろくにもらえずに会社に出てつらい思いをしながら自らを鞭打って仕事をする善良な市民を救う道はまさに「政治」だからである。これからは彼らを政治で救わなければならない。

人気のない夜道を日が昇るまで歩き続け
風の冷たい道を朝が来るまで歩き続け
昼間ベンチに座ってわずかの間眠りにつき
再び夜になれば私はまた歩く
その理由を君は知らないだろう
愛する妻子を残し
こうして一人放浪を続ける理由を君は知らないだろう
夜は地下鉄駅構内で横になっても眠れず
暖かい宿舎を頼って行っても眠れず
夜になれば目を開けて歩き続けるその理由を君は知らないだろう
私はこのまま倒れてしまいたくないのだ
私はこのまま諦めてしまいたくないのだ

私の一つしかないこの肉体とこの魂が
このまま崩れ去ってしまうのを放っておけないのだ
私は働きたい
私は自分の力で立ち上がりたい
私を潰そうとするすべてのものと戦いぬき
ついに再び立ち上がりたい
夜になれば歩き続ける理由を君は知らないだろう
目を開けて私が歩く理由を君は知らないだろう
私の胸の中のこの燃え滾る思いを君は本当に分かるだろうか
(朴ノヘ作『オヌルンタルゲ(今日は新しい気持ちで)』)

第三章　大統領への道

2002年、早稲田大学アジア太平洋研究センター国際諮問委員である著者と金泳三前大統領夫妻、奥島総長と

建国の父李承晩と朴正熙シンドローム

政治の根本とは、大統領や一個人によって立てられるのではなく、相互に協力し合って初めて可能となるものである。かつては君主と百姓の関係を船と川の関係に例え、川は、船を運ぶことはできるが、船を沈めることもできるといって、すべての政治の根本は民衆にあるということが強調されてきた。

私は高麗大学在学中、無数のデモの先頭に立ってきた。当時は、五・一六革命が起こり、軍事独裁政権の登場によって国民の意思などないに等しい時代であった。いわば政治の暗黒時代である。李承晩大統領下野の後、初の軍事クーデターが少将朴正熙によって敢行され、その元で行われる激動の政治を、私はただ傍観することができなかった。

大学一年のときに四・一九革命が起こり、李承晩大統領の下野を聞いたのは、光化門でのデモ隊に参加したときであった。

後日、妻と共に李大統領の別荘から出てきた遺品が展示されてある済州パラダイスホテルに行って見た。私は彼に直接会ったことはないが、親友で、日雇い労働者協会の金ヨンシン博士は、九歳のとき、李大統領からの招待で、祖父に手を引かれて会いに行ったことがあるという。

「私が景福宮慶会楼で初めて李承晩大統領に会ったとき、まるで大人に対してするかのように握手を求めてきた彼の手を、子供だったので緊張していたかも知れないが、私はしっかり掴んでしまった。ところがその感触が柔らかく、まるで完熟した柿のようだった」と、彼は語り、今でも覚えているのは、李大統領の顔が時々痙攣して引きつるようだったと言った。

アメリカで政治哲学博士号を取った金ヨンシン博士は、会う人会う人に、子供の頃、李大統領と握手をした話を聞かせていた。彼は「実に残念なのは、李大統領がもう少し国民の実状を知り、民主的な大統領であったなら、私も大統領と一緒に撮った写真を今より自慢気に見せることができただろうに」とつぶやいた。

私は、例の四・一三総選挙に興味を持って会いに来てくれた李大統領の養子、李インスス氏と夫人、徐ヘジャ女史に対する感謝の思いを今だ忘れることはできず、暇を見ては梨花荘（李承晩大統領の自宅であり、長官任命を行ったという組閣堂とフランチェスカ女史の客室、遺品などがある）を訪ねる。

フランチェスカの嫁である徐ヘジャ女史は、私に各部屋を案内しながら、生前のフランチェスカ女史のことを聞かせてくれた。彼女は、一九七〇年六月十五日から二二年間、フランチェスカ女史に仕えたが、姑であるフランチェスカ女史は、毎日家計簿を書かせ、一五日ごとに家計簿をチェックしたそうである。特に、電気代や水道代、ガス代などは、ただ相手に節約を責めるのではなく、本人自らが節約し、体にその精神が染みついたような人であったという。

そのうえ、ウィーンにいる女史の実姉、バーバラドーラ（愛称ベティ）にかける電話代さえももったいないというほどである。同じ民族でありながら手紙一枚も送ることのできない離散家族たちが払ってくれる税金で、こんな裕福な生活をさせてもらっているのだから少しでも節約しなければならないという。それほどまでに国を憂い、国を思っていたのである。

さらに驚くべきことは、彼女の遺品の中に使い古された洋傘があって尋ねたところ、一九六一年に使っていた洋傘を三一年間も使用していたという。記念館には四〇年間着続けた女史の服もあると聞き、私は驚きを隠せなかった。某長官婦人の高級服ロビー疑惑や歴代大統領夫人の贅沢な海外旅行などを思い起こせば恥ずかしい限りである。

帰り道、祖母の後ろ姿を見て育った李インス氏の二人の息子の姿勢や二人の人への接し方などを見ていると、やはりその家の歴史と姿勢といったものが受け継がれているのだという思いを新たにしたのである。

国も同様である。歴史とは、すべてのものを見通すことのできる総体的財産であるように、すべての評価は歴史の裏に存在する国民が下す。

私は、建国の父である李承晩大統領の下野後、武力で君主となった朴正熙政権時代、屈辱的な韓日会談に反対するデモを阻止しようとした警官隊と衝突した際、怪我をしてしばらく身動きできなかったときもあった。学生デモはさらにエスカレートし、全国的に広がった。朴正熙の軍事政権反対と彼が推進していた三選改憲反対闘争、そしてそれを推進するための国会議員不正選挙に対する反対運動は、大学生を中心に全国的に広まった。改憲案を通過させるためには、国会議席の三分の二以上を与党議員で占めなければならないため、朴正熙と彼の側近たちは総選挙を前にして堕落した姿を明らさまにした。

実際上、三選は彼の独裁を意味するものであり、北朝鮮の金日成による独裁がまさに大韓民国で行われようとしていたのである。全国で大学生によるデモが行われ、当時の新聞やラジオは事態の報道にてんてこ舞いであった。

改憲反対運動や国家元首冒とく罪のような信じられない罪名により、多くの人々が血を流し、結局はひたすら夫の弁護だけをしていた陸ヨンス女史の死をもたらす結果を生んでしまった。

高麗大学の私の同期で、朴正煕大統領の甥にあたる朴ジェホン(元国会議員)氏から、叔父の朴正煕元大統領が陸女史の逝去後、寝室の枕元に機関短銃をおいて寝ていたという話を聞いたことがある。私は大学在学中、長期執権と独裁を阻止するためにデモを先導し、打倒朴大統領を掲げていたこともあったが、国会議員となった今、この国の経済を振り返ると、やはり朴大統領のシンドロームが理解できるような気がする。

もちろん、彼の否定的な側面は大きかったが、貧しい時代、借款を投入し、発展させ、雇用を創り出し、各界各層の反対は大きかったものの、現在の京釜高速道路を敷き、産業発展に寄与したことは認めざるを得ない。

学生の時、三選改憲と長期執権に対してあれほどまでに断固反対をした私であるが、今は当時とはやや異なった視点と見解を持っている事は確かだ。しかし、どんな理由であれ憲法改定を通じて行った長期執権は、事実上国民の指弾を受けるに十分であった。それにもかかわらず、いつからか国民が朴大統領を懐かしむようになったのは、経済的苦痛を味わったＩＭＦと経済回復の兆しが見られない現政府の運営実態によるところが大きい。

李仁済京畿道知事が大統領選挙への出馬を決めたとき、彼は、朴正熙大統領に容姿や話し方が似ているという理由だけで、突然現れた伏兵のようにトップを争う人気を得た。彼から朴大統領に対する懐かしさを得ようとする国民の心情があったのだろう。

私は李仁済氏とは特別な関係はないが、以前、共に野党に在籍していた人として、片方は金大中の仲間、もう片方は金泳三の仲間としてごく自然に顔見知りであった。当時、権魯甲議員、李富栄議員と共にいたころ、国会情報委員会の委員として時たま顔を合わせることもあったし、京畿道知事室で会ったこともある。そのときの李仁済道知事は、「三金政治（金鍾泌、金泳三、金大中による政治活動）」を清算するためには、これからが重要だと言いながら、自分のこれからの政治路線について語っていた。彼の話を聞き、彼の顔を見ながら私もやはり朴大統領にとても似ているのではないかと思ったりもした。

人はすべてのことをいとも簡単に忘れてしまうものである。かつての「朴正熙王朝」時代、学生や市民たちは、維新という名の改憲を阻止するため路上やキャンパスで命をかけて争ってきた。経済が崩壊した今、再び彼を懐かしむのは人情というものであろう。そのような民心は、朴正熙にそっくりの李仁済知事を通じて世代交代を望む勢力に仕立て上げたのである。しかし、人気や流れだけで政治をすることはできない。新韓国党という執権党が後押ししてくれた李仁済知事の支えは、彼の離党により一夜にして水の泡となって消えた。

今再び、政治の風が吹いている。大統領選挙を控えた今、その風は猛烈な勢いで吹き荒れている。

かつて、中国の唐太宗は、子供の頃から弓矢を好み、弓を収集するのが趣味だったという。ある日、彼は、最も光り輝く丈夫な弓を何十本か持って、弓職人を訪ねた。職人から「この弓は材料が良くない」と言われた。腑に落ちない唐太宗はその理由を聞くと「材料となる木の中心が曲がっているため、木目も曲がっています。たとえいくら弓が丈夫で強くても矢は遠くへ飛びません。そのうえ、強すぎるのはかえって壊れやすいのです。これは良質の弓ではありません」と。

外形だけで、弓の本質を見抜いてはいけない。木目の真っ直ぐなものを選び、過去の暗い政治を繰り返してはならない。君主は臣下の意見を聞き入れ、臣下は憚ることなく是非を正すことができるとき、その国は安定するのである。そして君主には、武芸に秀でた人間よりも経典に明るく、物事をわきまえた人物を据えることによって善良な君主として国を治めることができるのだ。

もちろん、過去の李承晩大統領や朴正熙大統領に対する評価は、歴史が評価を下すことであって私が評価できることではない。

しかし、先日訪ねた李承晩大統領の記念館があまりにもおろそかにされていた。以前中央日報に勤めていたユ・ウェスという人が、月二五万ウォンの報酬でボランティアをしていた。わが国の歴代大統領に対する評価にふさわしい、過去のありのままの姿を記憶に留めることができるように、政府が助成することも重要ではないかと思った。

朴正熙大統領の記念館建立の必要性やその資金を政府の支援金によって行うのか、国民による寄付で行うのか、あるいは財団を作るのかなどの議論も、もう少しその透明性に関する政府の配慮を求めたいと願うばかりである。

朴大統領の長女でハンナラ党の副総裁朴槿恵議員（現在は離党）に会うと、母親の死後さらに強く気丈夫になったその姿に父親である朴正熙大統領の面影を見ることがある。彼女には国民的支持がある。また彼女なりに女性指導者としての道を進んでおり、政治懸案に対しても洞察力がある。今でもこの国のファーストレディーとして最も慕われている陸ヨンス女史が彼女の母親であり、両親の血を受け継いでいることを思うと今後も彼女の政治行路を見守るのも、また価値あることではないだろうか。

朴槿恵議員への一問一答

今後も陸女史の偉業を受け継ぎ、母親に負けない尊敬と国民に愛される魅力的な女性指導者となり、経済回生と国の安定を伴った朴正煕シンドロームの風を吹かせることを期待しながら、朴槿恵議員に書面で質疑した内容を以下にそのまま記載することにする。

問　長い間、世間からかけ離れた生活をしたと思いますが、そのときの心境は？

朴　実につらい日々でした。母が生前育ててくれた独立心を持って耐え抜こうと努力しました。車で坂を上がるときにギアをファーストに入れて上がるように、苦境を乗り越えるときは逆境に堪え忍ばなければならないと心に言い聞かせて生きてきました。

問　現役として政治に足を踏み入れることになった動機と難局打開策は？

朴　わが国がＩＭＦの管理下に入ったのを目にして非常に衝撃を受け、同時に悔しい思いをしました。「あんなに苦しい思いをして建てた国なのに、あれほど大量の血と涙を流して建てた国なのに」という思いがあり、じっと傍観しているわけにはいかなくなりました。混沌とした国を救い上げて建て直し、国民の苦痛を和らげるために微力ながらも寄与しなければ、人には働ける時期というものがあるだけに、後に必ず後悔するだろうと思いました。

問　政界再編の可能性とそれに対する意見は？

朴　国民が新党と政界改編について話しているのは、現政権についての不満があるからではないでしょうか？　既存政党が国民の意思や時代の要求に応じる方向での改革を通して生まれ変わるのならそれがまさしく新党ではないかと思います。国民は生まれ変わった政党に拍手を贈るだろうし、また支持率も上がるはずです。そうなれば新しい政党が形成されても根を下ろすのは難しくなるでしょう。

問　女性大統領が誕生できる風土が形成されつつあると見ているのか？

朴　世界的にも女性指導者は数多く誕生してきている。そんな世界の趨勢の中で、わが国だけが例外だとは思っていません。

問　結婚に関する意識は？

朴　結婚の予定はありません。国家発展と国民のより良い生活のために献身するつもりです。

あまりにも簡潔な回答だった。私が普段から見てきた朴槿恵議員の姿が、書面にそのまま現れていたように思う。私の主観だけで多くの読者に人の評価を理解してもらうのは難しいことであるが、それでも彼女の場合、外見から受ける印象そのままを受け止めて間違いないだろうと思う。今後の政治改革を通じて国民から支持を得られるような新しい政治の構図を組み立てる上で、彼女の尽力を期待したい。

第五共和国の党首と「水」テウ(盧泰愚)

過去の歴代大統領を風刺して、朴正熙元大統領を「銃」に、全斗煥元大統領を「岩」、盧泰愚元大統領を「水」、金泳三前大統領を「頑固」、金大中現大統領を「嘘つき」に喩えた笑えない話が、一時期インターネットを賑わせたことがある。実際その通りであると思う。銃と刀を掲げた朴正熙陸軍少将のクーデターを皮切りに、この国は、一八年もの間独裁を経験し、その後同じ軍出身の全斗煥将軍が少数の独裁勢力と共に火薬の臭いをばら撒きながら冷酷な鉄血治国を行って大統領になった。第五共和国(五共)の党首となった彼は、頑固な石頭で、岐路に立つ国の経済に情熱を注ぐ反面、政権維持のために安企部のような機関を作り、国の帝王として君臨した。

当時、私は一一代の野党国会議員として全斗煥政権に対し、「護憲撤廃と独裁打倒」を掲げて汎国民的民主大抗争に参加したりした。

一九八九年初め、光州特委国会聴聞会が開かれ、絶対権力のあらゆる恥部が明らかになった。そしてこの九年間にわたる時代の苦しみを味わったのである。

最近の若者たちは、『安企部』をただの伝説のように歴史の一部として耳にするだけであろうが、当時を生きてきた私にとっては、残酷な拷問という名そのものであった『安企部』を忘れることができない。しかし、人間とは忘却の生き物であり、時の流れがそれらの記憶を薄れさせてくれるものである。

かつてあれほどまでに闘争し、抵抗を行ってきた私であるが、時が過ぎるにつれ、故朴正熙大統領に関する見解や全斗煥元大統領についても、経済の基礎を築いたという点では、互いに評価されているのは事実である。

朝の来ない夜はないのと同様に、あの独裁の日々は暗闇に消え、「私を信じてください」と善良な微笑みを浮かべながら右手を振っていた「水」のような盧泰愚将軍が第六共和国の大統領になった。実は盧泰愚将軍も陸軍士官学校の出身であり、全斗煥元大統領と同期である。そのような理由で全斗煥元大統領は、盧泰愚を自分の後継者として一目置いていたのである。

彼が体育部長官で、私が一九八八年のソウルオリンピック支援委員だった頃、国会で初めて会った。盧泰愚が九師団の師団長を務めていたとき、彼の部下の憲兵隊長や情報参謀のことで縁があったこともあるが、頻繁に彼と接することが出来たのは内務部長官だった頃、私が内務委員会野党側監査として勤めていたときである。その後、私は経済科学委員長をし、彼は大統領になったのである。つまりオリンピック特別委員会から内務委員会にいたるまで互いに接触があったわけだ。

そんな縁で彼の母親が亡くなったときにも、私は三星医療院に弔問に行ったこともある。たまにテヌンゴルフ場などで会って、軽く挨拶を交わしたりしたこともあった。

彼は昔も今も私に対して親切である。彼が内務長官だった頃、私が宝城で地域事業関連の交付金の予算支援金を多く受けとることができたのも、思い返せば彼の力に依るところが大きかった。このような経緯から私は個人的に彼に対して常に感謝の気持ちを持っていた。しかし、後になぜ彼があれほど金に目が眩み退任後も不名誉な出来事を経験しなければばならなかったのか。わが国の政治水準の低さを慨嘆せざるを得ない。

結局、全斗煥と盧泰愚は、互いに陸軍士官学校の同期で、大統領経験者でもありながら牢獄まで共に行くことになったのだから、こんなところから「鯉が踊れば泥鰌も踊る」という言葉ができたのかもしれない。ただ私と縁があるからといって非難されるべき人に対して沈黙を守りたいとは思わない。

いつだったか、彼が私にこんなことを言った。

「私たちは兄、弟と呼び合う仲間ではないか」

過ちは過ちである。しかし、側で見た盧泰愚元大統領は、柔和な面が際立つ人物であった。彼と数回酒の席を共にしたことがある。オリンピック特別支援委員を務めたときの龍山のある屋台でのことである。彼は酒を飲むとよく漢詩を詠んだものだ。まるで吟遊詩人のように漢詩を口にしたものだ。また『ベサメムチョ』という歌が彼の十八番で、酒を飲むといつもその歌を聴かせた。

あの日、今は亡き徐ジュンヨン議員も同席した酒の席で、徐議員が酔いにまかせて突然盧泰愚に失礼極まりない発言をしたのである。軍出身のくせにと、誰が聞いてもひどいことをまくしたてたのである。当時彼は大統領になる前の長官であったが、彼が怒りをこらえて衝突を避けている様子が見て取れた。そして悠々と歌を一曲歌ってからその場を後にしたのである。そのとき私は、彼が実に辛抱強い人だという印象を受けた。

ある日、彼と酒の席を設けたいと思い、連絡をとったことがある。私は考慮して週末を選んだが、彼は家族と過ごさなければならないと言ってまた次の機会にということになったのである。やはり家族にとっても柔和な人であった。

彼が「水」大統領と呼ばれてきた理由の一つは、水のように柔和であるというところからきたのではないかと思ったりもする。ある意味では優柔不断ともとれる彼の柔和さゆえに大統領となり、第五共和国精算の一環として議会史上はじめての聴聞会を開いたときにも、五共の支持者を果敢に追放することができなかったのではないかと思う。金大中に渡ったという「二〇億＋α」についての事実関係も、実は強硬策というよりは懐柔策を講じた彼なりのやり方だったのではないかとも思える。

お金に絡んださまざまな事件で彼自身、厳しく評価されたこともあったが、与小野大の政局下においても「権力の侍女」と評されていた司法部を独立させたことや、国政監査の復活などのような民主政治具現のための諸般の努力を行った人物はもしかしたら、彼が最初だったのではないかと思う。

民主主義とは妥協と調整を意味するものである。助け合い、共に豊かに暮らす社会を意味するように、すべてがいかに「妥協」するかによってよい方向にも悪い方向にも行くのである。彼が水のように流れ、流され、優柔不断さを持って政局を導いたのも事実であり、後にその水に溺れて監獄生活を送らなければならなかったことも事実である。

戦いよりも妥協を、強さよりは柔和さで勝負した「水」大統領のように、誰もが我先にと譲ることを知らない社会において、一歩下がって譲り合い、妥協し合う心で過ごすべきではないかと私は思う。このような妥協によって民主主義の大原則を守って行くことを願うばかりである。

はばかることのない「頑固者」金泳三

政治とは経世済民と言って民を救済し、国を興すことにその根本がある。誰でも表面上は、国と国民のためにと言いながら事実上、自分たちの党利党略と私利私欲を前面に出すような情勢が続いているのがわが国の政治である。政府が改閣を断行する際、地域出身者が少しでも粗末に扱われれば、冷遇されたと大騒ぎする。リストラで政府機関や公企業を統合、吸収すれば謀略だといって騒ぐ。

大統領の任期は五年である。任期中に批判より賞賛の声が多かった大統領は今までいなかったように思う。そのくらい国は揺らぎ、国民を宥（なだ）めるのは難しい。政治の場が混乱しているのがまさに大韓民国である。与党が巨大な野党になることもあり、今日の敵は明日の味方になることもある。長年、韓国の政治史において共に泣き、共に笑い合った不思議な因縁の金大中と金泳三のように、敵と味方の間を行ったり来たりしながら、端から端に目くばせしながら渡り歩かなければならなかった二人。だからこの国の大統領になるのは実に難かしい。また、晴れて大統領になっても国民から支持を受けることはさらに難しい。

しかし、大統領就任当時、支持率が九〇%を超えた人物は、金泳三であった。彼は野党に身を置き、金大中と共に足並みを揃えてきた野党政治家として、盧泰愚元大統領の任期満了の年に政治路線を変え、野党の総裁となり、結局大統領となった。

彼は中学校の頃から一途に「大統領」になることを夢見て、率直さと人並み外れた決断力で「頑固」大統領と呼ばれたが、経済に暗い金泳三はＩＭＦの主犯レッテルを貼られ、息子の不祥事を適切に処理できなかったことで、支持率九〇%を誇った彼も最終的には惨めな退任に追い込まれた。

私が金泳三前大統領と出会ったのは、野党の国会議員だった頃である。金泳三は統一民主党の総裁を、私は総務団の副総務だった。そのとき、私は常任委員を任され、仕事上、金泳三とは何度か面識があった。金大中と金泳三の二人が韓国野党を主導していた頃、私は金大中の東橋洞所属だったため、身近で仕事を共にする機会はなかった。

公薦に落ち、休職中にもかかわらず、彼に新年の挨拶に行ったこともある。私は、野党総裁として党を主導する彼のリーダー力に惹かれ、いつか話し合いの席を設けたいと思っていた。一度、金泳三に随行している金基洙室長に依頼し、リッツカールトンホテルで再会した。そのときは、李源宗元政務主席、オ・ジョンソ元報勳所長官、金基洙随行室長も同席していたが、彼らとは長い野党生活の中でよく見知った仲であったため緊張することもなく金泳三とさまざまな話を交わすことができた。近況を尋ねると金泳三は、最近バドミントンが好きでよくやっていると笑って答えた。

「腕前はどの程度ですか」

「近所にバドミントンをする人が六、七〇人ほどいるが、皆楽しんでいますよ。特に私のパートナーの女性は上手です」と言い、和気あいあいとした雰囲気で歓談を続けた。金基洙室長の口からほとんどプロ級に近い腕前であるとの話を聞き、さすがスポーツ好きの方であると思ったものだ。

両親に対して礼を尽くすことでもよく知られる金泳三にこんなことがあったそうだ。金泳三の生家は、築一二一年にもなる旧家であるが、ある日、慶尚南道知事と市長が訪ねてきて、あまり古いので修理は難しく、寄贈してもらえないかと言われたそうである。金泳三は快く承諾したそうであるが、翌日、金廬珪知事が調べたところ、生家は金泳三の名義ではなく父親の名義であったそうだ。日頃父親への挨拶をするのが日課となっていた金泳三は父親に、自宅を文化財として寄贈してもらえないかと尋ねたところ、頑固に断られたそうである。

諦めることを知らない頑固者として有名な金泳三のこと、一週間父親を説得し続けた結果、承諾が得られ家は寄贈されたそうである。「父は年だから年々物欲が増してきたのだろう」と言う彼は、実に親孝行だなあと思った。

全世界が注目した二〇〇〇年六月十五日の南北会談のことを前職大統領としてなぜあれほどまでに批判的であったのかについて尋ねてみた。金泳三は、六・二五戦争（朝鮮戦争）に関して、民族へ謝罪しなければならないし、金正日は絶対にこの土地に足を踏み入れてはならないという強硬な立場に立って、金大中を批判したという。

金大中はこう言ったそうだ。

「みんなよくやったと言っているのになぜただ一人、金前大統領だけが非難しますか」と。

「あんなもの四〇万人も六〇万人も集まって歓迎を受けるほどのものですか。あそこで太極旗を掲げて金大中万歳と叫んだ声を聞いたでしょう。閲兵のときも本来は二人の首脳だけでするものを、なぜ北朝鮮の金永南も中に入って閲兵するのか」と言い返し、彼は首尾一貫金大中の政策に対し批判し続けた。前職大統領の全斗煥や盧泰愚とは異なり、機会があるたびに自分の主張を述べ、周囲から批判や賞賛を受けることが多かった。

実際、全斗煥元大統領は、自分に審判を下した金泳三を非難し、自分を赦免した金大中大統領は立派な指導者であると言い、かつて死刑宣告をした人間であるにもかかわらず、それほど義理を感じていない態度を見せることもあった。

毒舌家のごとき金泳三の強力な批判が、多くの人々にインパクトを与えたことは確かである。彼は政治的センスがあり、チャンスがあれば絶対に逃すことなく、一度心を決めたら最後まで粘り強く実行する人である。政治資金は一切受け取らないという彼の公約は、彼らしい決断であった。そのことに関して金泳三前大統領は次のような話をした。

「私は指導者として申翼熙、趙柄玉先生を特に尊敬し、敬愛しています。今の政党は与野党を問わず、莫大な資金を国民の税金から賄う国庫補助や支援金から維持しています。結局これは私の在任中に改正された資金法により妥当なことでもあります。しかし、かつて趙柄玉先生は、自ら直接あちこちから苦労してお金を工面し、そのお金で党の支援もし、運営もしていたのです。私自身も野党の総裁だった頃、あちこちから小銭を集めて資金調達し、党の運営を行ってきましたが、今は貴族政党になってしまった」と言って首を振った。

「その通りです。最近の政党は頭だけで運営しようとしますからね。心で動かそうとする指導者が多くなければならないのに、なかなかそうはいきませんね。昔に比べるとそんな人がいなくなって実に残念です」と、私は同意した。

金泳三の逸話は彼の息子である金賢哲に関してのものである。私が民主党の最高委員だった頃、金賢哲事件に関する真相調査特別委員会が野党総裁室で設けられ、李基澤代表最高委員がそれを主宰した。この真相調査特別委員会のメンバーは、代表最高委員李基澤議員をはじめ、徐セヒョン、金元基、盧武鉉、権魯甲、ハン・グァンオク、李富栄、シン・スンボム、それに私の総勢八人であった。他の議員は事件に関わりたくないと辞退したので、仕方なく私が引き受けることとなった。私は「私まで辞退すれば最高委員という肩書きを持つ立場なのに、相手が執権党のいわゆる大統領の息子という理由一つで調査委員会委員長職を断ってもいいのか」と自分に言い聞かせ、結局私が委員長に就くことになったのである。

その当時、私は金賢哲氏に関わる人物と接したことがあった。ところが実際、細部にわたって調査した結果、一般に知られている事柄とは異なり、金賢哲氏が特に関与していたと思われる証拠を手に入れることはできなかった。しかし、世論や当時の状況に押されて、結局、拘束捜査という形になったのだった。私は当時の結果を金泳三に知らせたが、彼は、「すべてを統治する大統領という立場にも立ってみたが、私自身、子供一人まともに育てることもままならないですからね」と言った。

私にも息子と娘がいるが、自分の思い通りにならないのが子供というものだ。ただ美しく、清く、正しく生きてくれるだけでもありがたいのである。親とはそんなものかもしれない。息子を逮捕したときの金泳三の心情が分かるような気がする。

私も例の委員長を引き受けた後、従兄弟が運営する会社の資金を請託したということで内部調査を受けた。何億もの手形を受け取ったという内容であったが、それは事実無根である。しかし何枚かの手形を借用したことはあったが、後に手形は決済されたのでまったく問題にはならない。にもかかわらず、従兄弟は特加法（特別犯罪加重処罰等に関する法律）で三年間の刑務所での生活を余儀なくされた。金賢哲事件直後、すなわち金泳三政権末期のことである。もちろん、その従兄弟は現在、社会復帰し、再び事業を行っている。

しかし、仮に当時私が国会議員でなく、または、あの事件の調査を引き受けなかったら賄賂事件に関わる内部調査もなかったはずであるし、従兄弟も贈賄容疑での牢獄生活もなかったであろう。私のこのような事情を金泳三元大統領は知る由もないことである。

金泳三は一生を政治に捧げた人物である。二六歳という最年少で国会議員になり、彼の言動は人々の注目の的となった。また、彼の無差別的な発言や忠告は世間、あるいは議員の間でしばしば話題になった。歴代大統領とは異なり、彼の口を塞ぐことのできる人はいないと言われるほどだ。

「金大中は自分が大統領になったら報復政治はしないと言っておきながら、人を使って私の周辺の裏調査を行っている。これが報復政治でなくて何だというのか。表では寛大な振りをしながら裏ではそういうことをやっている。大統領になるなり南北会談を言い出し、国の情勢は放ったらかしておいて」と、怒りをあらわにしたこともあった。

あなたの大統領在職中、政治に対する誤りがあったと思うことはないのかと尋ねたところ、金泳三は労働法を通過させたものの実行できなかった点や韓国銀行独立に関する法律、起亜の事態収拾に当たって当時の大統領候補だった金大中、李仁済などが国民企業であるとの理由で処罰に反対したため、公営企業である起亜を処罰できなかった点、それらは、IMFの指導下になった理由の一つでもあると述べた。

黄イガク金融通貨委員の話によると、一九九八年四月から韓国銀行独立に関する法が施行され、韓国銀行も物価が安定し、政策決定においてここ二年間に比べ、間接的影響は大きく軽減されつつあるとのことである。以前は、副総理が金通委を招集すれば、必ず「金利を引き下げるだろう」と予測していたのだが、そのような状況は徐々に減りつつあるということである。六月十五日の南北首脳会談の記念硬貨を作ろうとした国政広報所と統一院の提案が保留にされたこともあり、確実に改善されつつあることは確かなようだ。

一九九八年四月以降、うまくいったこともあれば、後悔の念が残る出来事もある。また、どんなところでも頂上に上り詰めたら後は下り坂が残るだけである。「歴史を正す」文民政府を建てようとしていた金泳三も、また現在「太陽政策」で国民の政府を作り上げようとしている金大中も、すべてに是非の審判はつきものである。これから二〇〇二年の大統領選挙において、金泳三の力が選挙の方向を左右するという説もある。ある者は皮肉った言葉で彼らを批判したりする。歴代大統領を風刺した話がある。

彼らに牛を送ったところ、朴正熙はセマウル運動をしなければならないと言い、全斗煥は軍団長たちにパーティをやろうと言い、盧泰愚はこの事実が知れたら大変だからとにかく隠そうと言い、金泳三は息子ヒョンチョルに送れと指示し、金大中は金正日国防委員長に送れと言うとのことである。しかし、この風刺は、ただ笑い飛ばすだけで済まされることではないように思われる。

大統領という名で

私は二〇年以上を野党の政治家として生きてきた

現大統領金大中の大衆的な人気は、はじめに湖南の住民の熱烈な支持による巨大な金大中山脈ともいえるようなものから広まった。私もやはりその脈に添って政治を始めた。大学で世の中を知り、民主主義と人権について目覚め始めると共に民主化抗争を唱えながら、金大中に従う群集の一員となった。

全羅南道新安郡荷衣島という貧しく土地の痩せた場所で生まれ、五度にわたって死の淵をさまよい、六年間の牢獄生活を送ってきた金大中。一〇余年の海外亡命と五五回の軟禁生活を送ってきた。まるで忍冬のような彼の人生の奇跡を私は長い間、間近で見守ってきた。だからこそ二一世紀の新千年に、新しい君主となった最高齢の大統領金大中に、私もそして、わが国のすべての国民が一つになって期待を寄せていたのかもしれない。

朴正熙政権時代、「慶尚道政権」という言葉が生まれるほど全羅道に対する迫害はひどく、全斗煥政権のときには、光州抗争を起点として全羅道と慶尚道の対立が極限に達したのである。実に馬鹿馬鹿しいのは、五・一八光州事件の起爆剤が「慶尚道の軍権掌握の軍出身全斗煥は、なぜ全羅道の金大中先生を餌食にするのか」であったことだ。

南北分断と対立、そして葛藤。慶尚道、全羅道といったふうな持病とも言える「東西南北対立の葛藤」という風土病が始まったのである。全羅道は「冷遇」、忠清道は「無待遇」と騒がれていたとき、湖南の希望の星はまさしく金大中であった。そのとき、私もどれほど彼に傾倒し、慕っていたことか。彼の信念は私を魅了し、広くて深い知識は私の羨望の的であった。

金大中の下にいて、私が支持していた李重載（元一九八七年平民党の主席副総裁）議員は、第六代国会にて初当選し、金大中と同じ財務委所属だった頃を振り返り、こんなことを言った。

「私と金大中は、実によく学んだ。知らないことだらけだったから夜を徹して勉強したし、細かいことにこだわって喧嘩もしたが、後に財務委にはなくてはならない人材になっていた」

そんな彼は頭角を現し、私は彼に従ったのである。一九八七年の大統領選挙で金大中候補の遊説委員長となり、全国一四八地域を回ったことや一九九二年の大統領選挙のときには、大選企画団の首席副団長として金大中を大統領に仕立てるべく陣頭指揮を取った。しかし、一九九五年七月、民主党の分裂を避けようと金大中先生に訴えたのだが、恩知らずものと非難されるのが嫌で、仕方なく国民会議に合流しなければならなかった。

何人かの家臣の謀略と衝動的な言動によって、「公薦脱落」という政治生命の動脈が断ち切られる残忍な出来事が、私の政治に懐疑心を与えたことは事実であるが、私にとってはさらなるステップとなる大きな契機であったとむしろ感謝している。

世の中の人々は暮らしに忙しく、真の民主主義とは何であるかを知る術はない。彼らが望むのは論争ではなく、酒を飲みながら歌を歌い、日々の苦しみをほんの一瞬でも忘れることなのだ。畑を耕す農民は、ただため息をつく日が減ることを祈るだけなのだ。私が公薦脱落による傷を胸に立ち上がったように、ただ貧しい生い立ちを恥じることのない気丈さで彼らが立ち上がることを望むだけである。

自力更生！　私は新たな再充電のために東南アジアの国家経済と新しい世界秩序について検討を重ねながら、日本や中国、そしてアメリカに行って新たな政治的再起を準備しはじめた。

金大中大統領への手紙

北京大学訪問の一九九七年秋、私は中国晋国の王子、重耳の話を引用し、金大中に手紙を出した。

中国の春秋戦国時代、晋国の王子重耳は子供の頃から聡明であったが、父親獻公の妾の陰謀により辺境に追いやられ、後に国を転々とする逃亡生活をしていました。重耳は幾度も継母や父、兄弟達による暗殺の危機に面したが、獻公の死後、弟である夷吾が即位し、夷吾が亡くなるとその息子が王位に就きます。重耳は、還暦を迎えてようやく亡命一九年ぶりに重臣らの推戴により、王位に就くことができましたが、彼がすなわち文公です。文公は在位の九年間、国を富強にし、隣国を従わせるほどの力をつけましたが、そのような起死回生を図ることができたのは、ひとえに文公が常日頃徳を積んでいたこと、そして周囲に宰相にふさわしい実力ある部下を手中にしていたからに他ありません。

先生！

過去に先生の側に身を置き、去っていった方たちをお赦しください。彼らは国家の危機克服のための役軍なのです。（中略）

私は疲れ果てた自分を慰めた。そのとき私は、政治的な苦難を味わっていたのでなおさら知識に飢えていたのかもしれない。公薦脱落後、無所属出馬を宣言し、宝城郡の支持を訴えた。しかし、強硬派支持勢力のグループにより出馬を諦めなければならなかった。私はこのような政治の場を熟知しながらも、なお志ある政治をしなければならないという意志一筋で、政治的幻想の中毒になっていたのかもしれない。そんな井の中の蛙の如く、世の中を見てきたのかもしれないと今になって思うのである。

私があれほどまでに羨望していた志のある政治の場は、いまどうなっているか。公約だけを口にする政治家がもたらした事態は、誰も予想できなかった内憂外患をもたらし、民主主義の絶対価値である言論の自由に対する批判と政治的破壊陰謀は無数に起こっている。決して解けない課題、すなわち腐敗から始まった政治非道は、その臭いが強烈で吐き気を催すほどである。国民の手に握らせ、宥めすかした挙げ句、結局すべてのものを再び奪い取って騙す。これのどこが政治家だというのか。透明性を基にしなければならないキャリアと呼ばれる国家公務員や政治家たち、実力ある者たちの名前が、常に腐敗の代名詞となっている現実を痛感するだけである。

陳承弦ゲートの一件を見ても、その実態が如実に表れている。法務次官と国情院幹部を司法処理することも可能であった。しかし、対政権ロビーの鍵を握っているという前MCIコリア会長金在桓のアメリカ逃避により、その実態が暗闇に葬られ、国民に現政府に対する不信感を植えつけている。

結局、金大中政権はゲート祭りの場となってしまった。さらに嘆かわしいことに、これほどまでの不条理に、なぜ敢えてアメリカ式にゲートなどと名づけたのだろうかということだ。国民の血を吸う一大事件を巻き起こした人間に対して、ゲートなど似合いもしない名をつけるのだ。

むしろ「陳承弦と殺してしまいたい人々（李ヨンホ、鄭ヒョンジュン、ユン・テシク）」

とでも名づければよいだろう。

筆者はタクシーをよく利用する。一日に何十人ものお客を乗せて走る彼らの話を聞いていると、政治家の私よりも彼らの目の方がずっと鋭く、まるで議員のようである。車に乗り込み、じっと座って目的地に向かっていると、何とはなしに世間話が出る。そして彼らの言葉に耳を傾けていると今更ながらに人間の道理について悟るのである。

心から忠誠を誓っていた大統領選挙の候補者たちは、二〇〇一年下半期から金大中賞賛をやめて金大中批判を始めたと連日報道されている。金大中の数々の失敗を、民主党の人間は認めたくないと思っているのか、あるいはあまりにも多い政策失敗に対処しきれなくなっているのか、民主党内部では批判の声が高まるばかりである。

「汚れた金で言論改革を叫ぶとは」と言ったハンナラ党の南景弼スポークスマンの論評では、言論弾圧は、二〇〇一年一月十一日の大統領年頭記者会見で言及した言論改革からはじまったという。批判言論を正すという命題の下、激しい批判の嵐を被せ、マスコミ各社に対する税務査察や公正取引委員会の調査、新聞告示復活などが相次いで噴出したのである。このような状況を金大中政権は、租税正義や通商上の行政執行などの詭弁だけで国民に納得させられるかどうか疑問である。

金大中が中央に立っているときは真心で仕えず政策失敗を招いておいて、今になって自分の保身と権力に目が眩みボスを批判するとは、まったくあのボスにしてこの部下である。筆者は言論弾圧の主役ともいわれる、朴ジュンヨン前青瓦台広報首席をはじめ三人の主役に対する野党側議員の批判の声に共感する。

今や正直であることだけがすべての政治家の生きる道であり、すべての道理に適った道である。

自分が欲を出せば出すほど、小さな幸せを噛みしめ素朴に暮らしているわが国民の首を絞めることになるのだ。国民のため最後まで屈しないと言っていた金大中の多くの公約も結構だが、このような国民の真の声を聞いて清く透明な政治を行うことも真の大統領のあるべき姿ではないかと思う。確信もないままにやみくもに捜査を行い、痛くもない腹を探られた国民から、火焔ビンの炎よりもさらに猛烈な国民の不信を買わないことを、また某新聞の社説のような国民の感情が湧き起こらないことを心から祈るばかりである。

ＤＪ（金大中）という、彼のニックネームのように、付いて離れない「忍冬草」。生きる人間勝利者であることと、東西南北の葛藤を解消するために努力した人間であることを否定はしない。ただ、彼の過った人事政策により脱線した多くの対策なき施策により、民心が国を離れて行かないよう祈るだけである。

孟子に「人は老を使う」という言葉がある。年をとるほど知恵と経綸が身につき、目が拓かれるからである。

「何になるかではなく、どう生きるかである」

「政治的に受け身の立場にある大衆が指導者を率いるのではなく、政治指導者が政治的影響力と政治扇動を通して大衆を得る」というように、金大中の言葉には、ある強硬な政治的意志と民主に対する闘争の信念が一つの磁石のように大衆を率いるカリスマとして発揮されているようだ。大統領という青雲の志を持って四〇代という年齢にも関わらず政治家としての道を歩もうと心を決めたその頑強な意志が、結局今日の彼を生み出したのである。これからはそのカリスマが大衆に耳を傾けさせるだけでなく、民心を率いる政治的カリスマとなればと願っている。

いわゆる太陽政策という南北和解政策によって南北指導者同士の抱擁を実現させた金大中。同じ民族でありながら交流することさえできなかった離散家族を再会させた大統領として、そして東西和合という重荷を背負ったノーベル平和賞受賞の大統領として、残り少ない任期の中で、真の統一という、もう一つのわが民族の宿願を叶えてくれることを心より望んでやまない。

「説得する力は道徳性から生まれる。大統領の道徳性には共に働く側近も含まれる。自分自身や周辺が清く正しくなければ、誰を説得できると言えるだろうか」

果たして誰がこの言葉を大統領に伝えてくれるだろうか。

大統領になるということ

大統領になるのは簡単なことではない。大統領になれることも大変であるが、大統領になった後、指導者としての立場はさらに難しく感じるであろう。政治、経済、社会で深化する階層間の葛藤や自由競争市場が抱える無数の課題などを、果たしてどのようにして解決すべきかといった問題が山積しているからだ。時代の指導者とは、分かち合いと共生の連帯を作り出し、国民の選択に対して解決案を提示しなければならない。

盧武鉉新千年民主党顧問のブレーン格である金ガンゴンと、これからの大統領選挙の方向性や最近の言論問題に関して話し合ったことがある。

彼は、現在の民主党内の大統領候補は皆どんぐりの背比べであるが、それでも国民の支持を受けてハンナラ党の李会昌総裁と張り合うことのできる人物は、李仁済と盧武鉉だけであるといった。また彼は、「言論問題といってマスコミ全体が叩かれてはならない」という視点を持っており、金大中改革の伝道師の役割を自任する盧武鉉議員もやはり、「言論人と非言論人を区分したり、甲、乙といった境界を設けて区分してはならない」といったそうである。

彼はまた「世の中の人々はよく、第三の人物と言うが、そういうのは小説の中の小説書きである」と言いながら、今のところ安定感に欠けるという難点があることも指摘した。

もちろん、世代交代といったキャッチフレーズを掲げて新しい改革政治を行うことができるといった利点はあるだろうが、実際に安定感に欠けるといった点があることについては、筆者もやはり同感である。

「しかし、四五歳以上の年代層は、李会昌総裁を支持する率が高いが、それ以下は盧武鉉議員の方が国民的支持を多く得ているように思う。それに、盧武鉉顧問と李仁済議員が党内で善意の競争をするならば、互いに卑下することなく戦うでしょうし、そうするべきでしょう。盧武鉉顧問は軽率な面もありますが、庶民政治の指導者としてはお墨付きですし、李仁済候補については、慶尚道地域で前回の選挙で李仁済に投票して後悔したという住民が多少いるので、盧武鉉顧問が候補になれば、一挙に嶺南が持っている李仁済候補に対する慶尚道の拒否感を一挙に解消するのではないかと思っている」

彼はこのように自らの見解を明らかにしたが、彼も私も認めている点として、現時点では李会昌候補が一歩優位に立っているということであろう。

政治評論家である金某氏が「突然空から降って湧いたような人物が現れるわけがない。どんな形であれ、与党は与党なりに新しい戦略で、野党は野党なりに個々に構想を練っているだろう」と言ったとおり、完全な客観性を期待するのは難しいかも知れない。しかし、ハンナラ党に繰り返し強調したいのは、過去の旧態依然とした政治に新風を吹き込もうとするならば、天の助けも必要であるが、組織が互いに力を合わせて団結してこそ、国民に対してより新鮮で信頼のおける、心に迫る集団となることができるのではないかということだ。

ハンナラ党の非主流派として活動している金東英議員と会う機会があった。彼とは六・三世代の人間として、私は金大中の傘下で、彼は金泳三の側近として、昔から互いに面識があった。現在、私たちはハンナラ党で、私は党務委員として、彼は院内の非主流派の長として活動している。このような関係で私たちは時々会って食事をしたり、党内について虚心坦懐に話し合ったりする。副総裁やニューミレニアム委員会委員長を歴任した彼は、ソウル大学の学生会長経験者として金泳三の秘書室長を歴任したこともある人物である。

「実に歯がゆい思いだ。一体なぜ社会がこんな状況になってしまったのだろう。過去、民主化闘争で戦った人たちは腐敗し、無能な集団として売り渡され、軍事独裁時代に権力の側に立って贅沢に余念がなかった人間が、今は実力ある人間として評価される社会になってしまったとは。本当にもどかしい限りだ。政党が慶尚道、全羅道、忠清道の地域別にバラバラに分裂してしまっているし。一体どうしたらこの国家の危機を克服できるかと頭を悩ませているところだ」

彼はまた一層力を込めて、「真に国家の危機を克服しようとするならば、国全体が力を合わせて帯を締めなおさなければならないのに、このようにバラバラでは、克服などできるのか疑問だ。価値観が入り混ざり収拾するのが難しい状態だ。誰が次の大統領選に勝つにしろ、国を率いることに非常な困難を伴うだろうし、敗者は敗者なりになかなか屈服できないだろう。ところで、金大中は国政を間違った方向に先導していることもまた残念なことじゃないか。だからといって、野党も党運営において、うまく運営しているとは思わないし、いずれにしても、指導者はビジョンを示さなければならないのに、このままでは非常に難しいだろう」との見通しを語った。

彼のもどかしい思いを聞くにつれ、私まで悲しい気持ちになった。現時点では、どんな角度から見ても、良いアイデアが思い浮かばず、ただただ歯がゆい思いになるだけである。与野党を問わず、過去に尽力した人材を再び受け入れる懐を持たなければならないし、また国民をすっきりさせるようなビジョンを示し、指導者が率先して行動を示さなければならないのに。このままで大統領選挙が終われば、一層難しくなるだろう。政党もこのままでは行き詰まるだろうから、何らかの変化がなくてはならないと思う。

ナンチ・キャンピング場開場式で。日本キャンピング連盟会長島井さんも参加してくれた

一昨年七月、台湾でのキャンプ大会を終えて帰国の飛行機の中で、東亜日報の名誉会長金ビョン・グァン会長の妻である安ギョンヒ女史が投身自殺したとのニュースを耳にした。私は突然殴られたような衝撃を受けた。私は、彼の早稲田大学

名誉博士号授与式に同行したことがあるからである。そのときに目にした安女史は、実に質素で品位ある方で、男性に尽くす韓国の女性像といった雰囲気の女性であったからなおさら衝撃は大きかった。

私は、安岩洞にある高麗大学病院の霊安室で弔問し、喪主である東亜日報金ジェホ専務をはじめ、東亜日報一族にお悔やみの言葉を伝え、金ビョン・グァン名誉会長には「元気をお出しください。体調を崩さないように」と声をかけた。

「柳総裁（彼は私をいつもこう呼ぶ）、明日の朝、七月十七日付の東亜日報の社説を見てください。私がそこで心情を明らかにしますから。堂々と向き合って戦うつもりです」そのとき、彼の横には鄭グジョン前編集局長もいた。

弔問使節団代表として来た朝日新聞社編集局次長の清田治史氏と朝日新聞ソウル支局長、小菅幸一氏とも会ったが、彼らは「東亜日報を愛する安女史の今回の事故につきまして、ご冥福をお祈りしますと共に御悔やみと尊敬の意を表します」と故人を惜しんだ。

そこには、東亜日報出身で、私とは母校の先後輩に当たる李ナギョン（新千年民主党）議員も同席しており、李ドングァン記者、南ジュング東亜日報理事など、多くの人がいた。金明河（韓国コレド）会長は、「柳議員はあのとき日本で安女史に会ったのが最初で最後だったんだなぁ」と言い、私は熱く込み上げるものがあった。

病院の霊安室で、高麗大学の金ジョンベ総長、金明河コレド会長と共に献花し、続いて李漢東総理と金ハクジュン、オジョンソ、洪インギル、南景弼議員など各界からの多くの弔問客に会ったが、誰しもが今回の事態に言葉を失い、ただただ互いの悲しみを慰め合っている様子であった。

このような言論事件により予想もしなかった事態が次々と生じる今、私が心から尋ねたいと思うことは、果たしてわれわれはどう変わっていかなければならないのかということである。大統領選挙までの残り少ない期間中、どんな力を発揮するかということである。私たちには投票権という権利が残っており、その有権者の選択によって国の最高指導者を選ぶのである。だとすれば、有権者の判断はまさに国の方向性を左右するのだと見ることができる。

これから最も重要なことは、今度こそ真の大統領らしい大統領を選ぶべきであるし、またそんな大統領を見極める目をわれわれ有権者は持たなければならない。

私たちは有権者である。「大統領」になるということは実に難しく苦難の道である。しかし、「有権者」というものは、その国の国民として与えられた大きな資格ではないだろうか。

これからは、この有権の力を行使するときには、深い思考と眼識を持たなければならないだろう。

第四章　政治もタイミングだ

2002年元日、アチャ山で著者の地域区の区長（真ん中の白い手袋の人物）と

魯甲兄さん、われわれは今や他人だ

権魯甲前最高委員と顔なじみになったのは、私が一九八五年度の一二代民韓党国会議員として当選した後、新民党に入党したときにまでさかのぼる。当時私は東橋堂派の関係で、副総務として活動していた頃であり、権魯甲議員もまた、当時東橋洞の座長として勢いに乗っている頃であった。彼の歳は私よりひと回り上の同じ干支で、互いに兄弟と呼び合って親しく付き合っていた。党職に就いていたときには、互いに助け合って協力する実によい仲であった。

一九九二年の大統領選挙には、私は首席企画副団長として国会経済科学委員会委員長を務め、彼とはさらに親しくなった。私が国防委員会委員になったとき、金大中総裁、権魯甲議員らと共に国防委員を務めたこともあった。それだけ私たちは互いに政治的に似た経歴を持っていたといえるだろう。

本来彼の父親は、安東に暮らしていたが、慶北北部に干ばつが起こり、木浦に引っ越すことになったと言った。結局彼は、木浦に拠点を置き、金大中先生と顔見知りになり、後に金大中の分身となったのである。

彼は木浦で学校に通いながら、ボクサーとしても活躍し、後には木浦女子校の先生もしていた。一九六三年、第六代国会議員選挙において、彼は巧みで機知に富んだ話術を用いて、金大中先生を議員に当選させるためかなり尽力したと後日談で聞いたことがある。

しかし、いつからか彼と私の間には、見えない壁ができるようになってきた。それは実に微妙な出来事の積み重ねであったのだが、政治というものは元々目に見えない縄張り争いや党内の派閥に敏感になるのが常である。

その兆候は一九九三年三月十一日に始まった。民主党全党大会で私と権魯甲議員は共に民主党の最高委員になるという幸運が舞い下りてきたのだったが、その頃、京畿道知事候補に関連したことや、自治体選挙、地方自治制候補選出過程などおいて最高会議でいろいろと意見の衝突が起こりはじめていた。次第に声が大きくなり、わけも分からない感情的な争いに突入したのである。そのような中で、私を最も刺激することとなった京畿道知事候補張慶宇氏事件が起きたのである。

当時、彼と彼を慕っていた重鎮たちは、私が主導して金大中のいわゆる「趙淳──李鍾賛」という「理想的なコンビ」の意に逆らったと、私を謀略に陥れた。お互いの感情にしこりが残り、党内でも事ある毎に言い争いや衝突を起こすことになってしまったのだ。もちろん私は、金大中の気持ちや表情を誰よりも知り尽くし、最も忠実な人物と言えば、権魯甲議員であると今でも思っている。しかし、私も誰にも負けないほど金大中先生の意を尊敬していたし、彼の後ろで、あるいは先頭で、信義を尽くし忠誠を誓ってきた人間である。

ところが、私に対する謀略は、党と金大中に背を向けることとなる最大の事件に発展したのである。私は公薦から脱落することになり、長い間、同じ政治路線を歩んできた党を離れて移籍し、新しい政治的転換を迫られたのである。

私は、代弁人だった朴智元（前文化部長官）議員を訪ね、彼が記者に言ったことを質した。

「出入りする記者の話によると、あなたはまず、京畿道道知事候補に李基澤氏に力添えをして張慶宇氏を押したこと。二番目に、全羅南道道知事候補であるホ・ギョンマン候補を支持し、三番目として済州島知事候補事件、四番目に大々的な後援会事件、最後に膨大な財産を保有しているという根拠のない謀略デマなどを私を公薦から外した理由として語ったそうですが、これは一体どういうことですか」

もちろん、彼はそんなことを言及した覚えはないと言っていたが、私は実に言葉を失った。一体私がどんな過ちを犯したというのか、何が金大中に対する五つの問題点を与えたのか、今でも理解できないのである。今になって思えば、彼らがグルになって私を謀略に陥れ、責任転嫁したとしか考えられない。

不本意にも政治的被害に遭うことになった私は、公薦を受けることができないという不運に見舞われることになった。しばらくの間、私は政治的懐疑と苦悩の中で悶々とした後、党を離れ、アメリカ、中国、日本にて更なる勉学に精進することとなったが、私が日本に滞在しているとき、韓宝事件が起こった。そして、韓宝事件によって権魯甲議員が逮捕されたというニュースを聞き、私は権魯甲議員に会うため一時帰国し、李ヨンヒ先輩と共にソウルの拘置所を訪ねた。

彼は私を見るなり喜びの表情を浮かべた。彼は、金大中に会うように勧めながら、「過去の誤解はすべて解けたから会って欲しい」と言ったが、私はそれ以上その話に触れず、「権先輩、健康が何より大切です。体にだけは気をつけてください」としか言葉にできなかった。

その後も私は何度か面会に行った。当時の日記帳をみると、歯がゆい思いを書きなぐったその文面に、こんな文章があった。

「あれほどまでに金大中のために一生懸命仕事に打ち込んできた権魯甲先輩だったのに」

もしあのとき、私が公薦を受けて第一五代の国会議員に出馬し、五選議員になっていたとしたら、韓宝から千万ウォン位は選挙資金として支援してもらえたかもしれないと考えると恐ろしさに身震いした。事実、どんな政治家であっても、選挙に落選する度につぎ込む資金の額が半端ではないため、私もあの事件に加わったかも知れないと考えると、むしろ公薦に落ちて良かったと考えたりもするのである。

私は今までに、たとえ千万ウォンであれ二千万ウォンであれ、一度も腐敗事件に関わったこともなく、また連座したこともないという事実に対し、神に感謝している。

私は政権交代が起こった後にも、日本の慶応大学に研究員として籍を置いていた権魯甲議員に三回ほど会ったことがある。その度に彼は私に、「なぜ離党したのか、そして私が引き止めたにも関わらず、なぜ大統領選挙のときに他党に入党したのか、今こうして苦労しているのを見ると実に忍びない」と言った。そして「いつかわれわれに機会が訪れたらそのときは共に志を立ててやって行こう」と切に言われたが、私は今でも当時権先輩を取り囲んでいた勢力が、私を政治的死に追いやったのだと思っている。

私は政治的パワーに押され、謀略に陥れられ、犠牲を強いられたのは事実だが、ときの流れというものは、苦しくてつらかったときも過去のものとして葬り、その記憶を薄れさせてくれるものである。当時は耐え切れずに悔しい思いをしたものだが、月日が経った今は、その苦痛と試練と挫折が私の人生において良い教訓となったのではないかと思われる。

二〇〇一年四月二三日、江南の某日本料理店で、私は今でも尊敬している徐スンヒョン室長に会った。その席で徐室長は、権魯甲議員の韓宝事件に絡む拘束、収監は自分に責任があると言い出したのである。

その理由とは、すなわち一九九二年大統領選挙当時、韓宝から二〇億ウォンを政治資金として提供するという提案が徐室長に入った。そのとき、徐室長は果敢にも、二〇億ウォンなら受け取らない、五〇億ウォンなら受け取ると言い返した。それも総選挙の一〇日前に持ってきた場合には受け取ると言って電話を切り、権議員とこの件について話し合ったと言った。権議員を兄貴と呼ぶほどに親しい関係であった徐室長は、「もし五〇億ウォンというお金を選挙一〇日前に持って来ても、総裁に報告したら断られるに違いないから、報告せずに党の選挙資金として支援しましょう」と言った。ところが、予想外の負担だったのか、大統領選挙のとき、お金が入ってこないばかりか連絡もなかった。

選挙も終わり、金大中総裁夫妻と徐スンヒョン室長夫妻、金オクドゥ議員が済州道に行ったとき、徐室長は、大統領選挙の話をしながら、ある企業から二〇億ウォンの支援話があったが受け取らなかったとの報告をすると共に、その企業とは韓宝であると言ったそうである。金大中は、それ以上その話には触れなかったのでそのうち忘れられてしまった。

一九九三年、金大中が英国で六カ月間滞在しているとき、徐室長は権議員に「総裁もご不在で、最高委員選挙などで大変な時期でもあるので、もし韓宝からまたそういう話があったらお金を受け取って使ってください」と言ったそうである。

結局、最高委員だった権議員は、韓宝から若干金を受け取った事が明らかになり、刑務所行きとなってしまい、結果的に、私が彼を刑務所に送ったのも同然だと言った。確かに韓宝からお金を受け取ったことは刑法上違反した行動であるが、権先輩も彼なりに事情があってのことだった。また、そのお金は、彼が直接受け取ったのではなく、大学の先輩である、鄭某氏を経由して受け取ったものであった。

今は互いに所属する党も政治路線も異にしているが、彼との関係は、義兄弟のような間柄である。先日、ニュースで権議員の民主党最高委員職辞退と政界引退の報道を耳にした。二〇〇二年全党大会を控え、政権の行方と政局運営の方向性を見守って行くつもりのようである。

新政治国民会議の頃で公薦脱落の直前、私は、一九九二年の大統領選挙も終わり、一九九七年の大統領選挙に備えているとき、金大中に対し、二一世紀経済社会研究院の名義で報告書をまとめたことがあった。七回にわたる報告書の内容は、現政府の政局運営とほぼ同じシナリオであった。

政治とは、微妙な「気」と「気」の戦いでもあるのかもしれない。

尊敬に価するバカ区長

私は某大学での講演でバカとは何かと学生に尋ねたところ、「見れば見るほどまた見たくなる人」と、おどけた答えがあった。実に面白い話であったので、後にその意味を吟味してみたところ、確かにそうだと思った。

最近の人はよく言葉遊びをする。例えば「ユブナム（妻帯者）」を、「ユナニ、ブダムオプヌン、サラム（特に負担のない気楽な人）」と言ったり、「国会」を「国を食い物にする所」などと字面よりもその解釈がなるほどと思えるものも多い。

大聖は大愚と同義であるという言葉がある。大物ほどバカであるという意味であるが、大愚は少なく、至愚程度の人間が増えている昨今、世の中が疎ましく、私もバカになりたいと思うときがある。大愚とは、愚かさとは何かを知っている賢者を指し、至愚とは、利益に目が眩み、視野の狭い、実に愚かで器の小さい人間のことを指す。近頃のように、安易に役職に就きたがり、努力もせずに簡単にお金を稼ごうとし、簡単に人を騙そうとする時代には、私も何も分からないバカになれたらと思うときがある。

一九九七年十二月一日の大統領選挙の前、私はハンナラ党に入党し、その翌年の一九九八年二月二五日、ハンナラ党の広津乙地区党委員長を任された。

事実、「広津区」は、私とは何の縁もない区であるが、私の祖父の名前が柳広津であるという面白い縁や学生時代と社会人になってからグァンナルやトゥクソムによく遊びに行ったことが、縁といえば縁であろうか。

そんな広津区で初めて選挙に関わるようになったのが、一九九八年六月の地方自治団体長選挙であった。そのとき、私は「バカ区長」と自称していた現広津区長、鄭ヨンソプ氏と出会った。

バカ区長！　自治体選挙を前にした私は、区長候補を求めて当時副区長をしていた李ユテク氏に、副区長を辞任させ、広津区長に出馬するよう説得していたところだった。結局、李ユテク氏は心を決め、広津区九宜洞に選挙事務所を構えた。その当時私は、日本の早稲田大学に招聘教授として在任していて日本とソウルを往来していた。一〇カ月を東京で滞在し、二カ月をソウルで過ごしていたため、区長候補を決める過程において予想外に時間がかかり、困難な点も多々あった。

李副区長は、松坡に二五年も住んでおり、そちらの方により愛着を感じているということもあり、松坡からの出馬を望み、結局、松坡区長になった。このような事情で新たに広津区長を立てなければならない必要が生じた。現在文化院にいる李ソンウ事務局長、そして薬師会安チュンユン会長、現職の国会議員である金ヨンチュン議員などが鄭ヨンソプ氏に白羽の矢を立てたのだった。

当時鄭ヨンソプ氏は、新千年民主党から公薦を受けられず、ハンナラ党の門を叩いていたときであったので、私はその話を伝え聞いて、東ソウルホテルで彼に会うことになった。彼の初印象は、小柄な体に無垢で善良な人柄の目つきをしていたので、この人なら信じられると思った。

彼は、「私を公薦してください。広津区を育てて見せます」と言って、私からの返事を待っていた。私は彼にいくつかのことを確かめた。

「まず、何があっても絶対に脱党しないこと。当選したら、裏切らない事。これだけを必ず守ってください」と。

このようにして誕生したのが鄭ヨンソプ区長である。ところで、この人物の履歴がまた興味深い。二三年ももっぱら区長という職だけにこだわり続けてきたことである。私は彼のその話を一度聞いてみたいと思い、席を設けた。もちろん、区長室で時々顔を合わせて行政関連の事案について話し合ったこともあるが、私的に会うのは実に久しぶりで、私たちは長い時間酒を酌み交わしながら語り合った。

私は、まず彼の二三年間の区長としての役割と庁長になれた縁などに関心があった。

彼は、朴正煕時代に道峰区長をはじめとして二〇年間務め、最後の三年間はソウル市局長として勤務をし、こうして区長級の仕事を二三年間務めてきたという。それほど長い間務めることになった背景は何かと聞いたところ、彼は「外出の際、仰々しく秘書を従えて出て行くこともなく、行事に参加しても、座る席についてあれこれ文句をつけたりせず、区民に対しても一歩下がって接し、常に謙遜で、近所のおじさんのような親しみやすさで職務に最善を尽くしてきたこと、これが長年続けられた秘訣です」と言い、「自分は仕事に対して欲深く、勝負心も非常に強いです」と言った。彼はまた、「同じ仕事で他区との善意の競争があるときには、一生懸命やって勝利を収めれば、気分も良いし志気も高まり、賞金も出るじゃないかと職員を説得するんですね。こういう些細なことの積み重ねが、この仕事を長くすることとなった理由ではないかと思います」と言い、どこからそれほど堂々とした志が生まれるのか、彼は静かに語った。

「ソウル市内の某区長から区長の役割を全うする秘訣を聞かされました。スケートの選手がゴール前にスケートのエッジを立てて強く氷を蹴って足をぐっと伸ばすように最後の最後まですべてをかけるあの渾身の力、実に間髪の差ではありますが、まさにその最後の力が一位と二位を分けるのです。言い換えれば、血の出るほどの努力をしなければ、何事も簡単には行かないということです、と。

また私が東大門の水道事業所長として赴任したときのことですが、前職の所長がある特定地域の出身であったため、その事業場の職員は、すべてその地域出身の人材で固めていたのです。そこで私は、全員を首にするわけにもいかないから、私が変わらなければならないと心に決めました。実際に私が変わらなければ事業所長はとても務まらないと思いました。そして前職の事業所長に最も忠実な人を一人抜擢してもらい、彼を最善の地位に就けました。すると、実に雰囲気が和やかになり、小さな摩擦は無くなりはじめたのです。本当は切り捨てなければならなかった人を重用したのです。仏教で言えば、因果応報とでも言うのでしょうか」

他地域出身の人材を重用するその決断力、地域差別をしない能力が今の彼を作る礎となったのではないかと思った。彼は慶尚道出身であるが、湖南出身の区長たちと特別な縁を持っており、今でも良好な関係を維持していると言った。

話が弾んできたところで、前から尋ねたかったことを聞いてみた。

「ところでハンナラ党に入党して公薦を受けて当選を果たしましたが、なぜ脱党したのですか。あれほど念を押したのに非常に残念です」

「当時新千年民主党にいた金サンウ、チュミエの二人の議員と三人で話し合ったことがあります。そのとき、彼らから党に対する忠誠度が低いと言われ、私はこう言いました。『おっしゃるとおりです。私は党に対する忠誠度も忠誠心もありません。今でもないしこれからも党に対する忠誠心は起こらないでしょう。区長は政治家ではなく行政官です』そして、私は直ちにハンナラ党に入党して公薦を受け、区長になったのです。ハンナラ党を脱党せざるを得なくなったのは、選挙後、ハンナラ党の内薦を受けた三人の旧議員が脱党をするなり、既存の九対七が七対九に逆転してしまったのです。議会では完全に他党が権力を掌握し、意見や事案が出る度に事々摩擦が起こりはじめたのです。そこで、行政のためには脱党しなければならないと思うに至ったのです」と言った。

政治的に表現するならば、自分を公薦してくれた方や住民に対し、結果的に裏切ったことになったと、正直な心情を語ってくれた。地域の野党出身区長では相手にしてくれないし、会うのを敬遠するだけでなく対話さえも拒絶されてしまい、区長としての任務を全うできないのが実に歯がゆいものであると言って、「柳議員には口が十あっても言いわけできません」と言い、酒をぐっと飲み干した。

「そういうことがあったらなぜ私に話してくれなかったのですか。実に残念です。今後も区長選に出るつもりですか」と聞いたところ、強いて区長をやろうという気はないが、ただ残念なのは、広津区長への出馬表明をしているL氏、C氏、K氏、G氏たちの顔ぶれを見ると、やはり自分で最後の仕上げをしなければならないと、出馬の意志をほのめかしたりもした。

「個人で出馬すると言ってできるものでもないし、住民からの支持も得なければならないではありませんか。住民から支持が得られるかどうかは、出馬してみなければ分からないではありませんか。そのうえ、区長は住民が直接選ぶものであって前職からバトンを渡されるようなものでもありません。どうやって結論を出すつもりですか」と正し、「なら、無所属で出馬するつもりですか」と尋ねたところ、政党政治はこの国で根を降ろしており、第一野党であれ、与党であれ、個人の力がこれらの支持基盤を超えることは不可能であるため、無所属では出馬しないと、公薦に出る意志を見せたりもした。果たして、鄭ヨンソプ区長は二〇〇二年の選挙にどの党の公薦を受けて出馬するのか、自分にとって楽な党を選ぶのか、それは誰にも分からない。

私も整理がつかない。私が彼に公薦を与えても、私に背を向けた形になってしまったことを思うと、そこまでしなければならないのだろうかと疑問に思えた。当選のために党を選び、行政の為に脱党して無所属となる。果たしてそれが望ましいことなのかどうか、彼と別れた後も頭の中で何度も反芻してみたが、どうも分からない。

この国の区長直選制は正しいだろうか。それとも任命制や政党公選薦制の方が望ましいだろうかという答えのない問いかけを最後に、私たちは別れた。

その日の夜、私は愚かだが誠実に生きようとする鄭区長の話を思い出しながら、「見れば見るほどまた見たくなる人」と言われるようなバカになりたい心境で眠りについた。

与野党の虚と実

政治というものは、離党や入党のときに、名分と実利がなければならない。私にとっては、国民会議を脱党し再入党するそれ以上の名分もなく実利もなかった。もちろん、妻を通して伝えられた李ヒホ女史の間接的な言質や水面下での接触を通じ、再入党を勧める議員たちの話で悩んだことは確かである。

早稲田大学や北京大学で招聘学者として在籍しながら金大中に手紙を送ったこともあり、李ヒホ女史が妻をイルサンの自宅に呼び、過ぎた過去のことを忘れて、入党するようにと勧めてくれたこともあった。しかし、大統領選挙を一八日前に控えた一九九七年十二月一日、私は、志を共にする三〇八人の同志や趙淳総裁、李会昌候補と協議し、ハンナラ党に入党した。

趙淳や李会昌と言えば、清く正しい政治家と言われており、彼らとの縁もあった。そのうえ、以前新韓国党と残った民主党の勢力が連合するために離党していた昔の同志が残っていたこともあったので入党を決心したのである。あえて思うところがあって野党に固執したわけではないが、考えてみると、私の政治路線は野党と足並みをそろえてきたきらいがある。

一九九七年の大統領選挙で、同志の中には、新政治国民会議へと古巣に戻りたい勢力と、党を離れて三金政治の清算を呼びかけている李仁済候補を支持し、彼と共に新しい突破口を探そうという勢力、また政治への参加を止めようとした層に分かれた。

李仁済道知事からは、徐錫宰議員が新韓国党を脱党したら、私のために最高委員のポストを開けておいたと言い、自分が創党する国民新党にぜひ参加して欲しいと伝えてきた。しかし私は、共に歩んできた数人の方々と共に、今後の政治的な将来性や党のイメージを考え、ハンナラ党を選んだのである。

私のハンナラ党入党の報道が流れた後も権魯甲議員をはじめ何人もの議員から国民会議入党を勧誘する連絡があった。後日権魯甲議員は、「私ひとりで決めたことではない。あのときは、金大中にもすべてを報告した」と言ってくれた。しかし、私はすでに自分の一存では決められないところまで来ており、三〇八という人が一度に入党をしたということもあり、私を後押しする後援勢力や同志のことを考えると、私欲を選ぶわけにはいかなかった。

当時のことを今思い出しても、一度党を脱退したら、いかなる名分もなしに再び戻ってくるということは、望ましいものではないと思っている。たとえ最善かつ最高の選択ではなかったにせよ、私にとっては不可避の選択であり、後悔はしていない。

私の所属するハンナラ党は、どの政党よりも国政経験が豊富な人材や民主化闘争のときに金大中と別れた勢力もいる。在野と三八六新進勢力が力を合わせた骨組みのしっかりした政党である。従来の三金政治のように、地域を楯にした政党から換骨脱退し、これらの人材が一まとまりになって経済と国を必死で建て直すならば必ずや民心を掴むことができると私は信じている。もちろん、未だに多くの人々から、ハンナラ党はアンチ金大中だけを切り札にし、そこで得られる利益を当てにするならば失敗するとの忠告を私は忘れてはいない。

しかし、優れた人材を適切に調和させ、政策政党として体系的かつ制度的な運営が行われば、どの政党よりも国家を革新させ、その経営手腕を発揮できる政府となるであろう。

秋は渡り鳥が移動する時期である。いたる方向から飛んで行く。渡り鳥は、地球の磁場で方向探知をし、暴風雨のような自然災害をあらかじめ感知して避ける非常に優れた能力を持っているという。また越冬地を見極め、旅立つときになれば一心不乱に巣から飛び立つ。

私は時々政治の世界を見渡す度に、渡り鳥の群れのように巣（党）を渡り歩く政治家を見ると眉をひそめたりする。しかし、ときには利害関係が絡むのが政治の世界であるとのことを考慮すれば、一方では理解しなければならない不可抗力に苛立つこともある。

政党とは、ある特定の主義、主張、または理念と原則において志を共にする政治家が国家の利益のために集まる一つの集合体である。ただ、周囲が懸念しているように真の政治とは何か、真の政治の発展とは何かについて与野党が互いに一歩下がって譲り合い、調整し、統合することが最も優先されるべき課題ではないかと思う。私が東橋洞派の主流に居続けていたら、今ごろは、金大中の下で与党議員になっていたのであろう。

今の与党は、旧態依然とした野党の姿から抜け出しきれず、いわゆる「虚」というものを内に秘めている。過去の野党の枠組みから抜け出せず、結局政権を掌握する際、ＤＪＰ（金大中、金鍾泌のこと）の野党単一候補によって得た湖南圏と忠清圏の勢力を基盤に政権を手にした政府がまさしく民主党である。お膳立てされた大統領とはいえ、国民に失望を与え、経済やその他の行政政治においてさまざまな試行錯誤があったことは誰もが感じている部分である。また、何よりも人事政策において人材をうまく登用できなかった故に被った損失は大変大きいものである。

大統領はいくら頑張っても、民心は執権与党から離れてしまったように見える。大統領候補たちは、「早期可視化」だ、人気迎合だなどと言って、保身のために血眼になっている。何よりも根本的に、野党をパートナーとして認める抱擁の対話がないことが残念だ。

「対北政策にのみに太陽政策を使うのではなく、野党に対しても使え。地域感情問題を解決するためには人事にバランスをとらなければならない。特定地域のみが利益を独占するような人事政策で権力の核心を牛耳るな」

野党をはじめとした一部の批判論者を説得させるだけの力は、今の与党にはない。従来自分たちが野党側に立って主張していた執権党の人権弾圧や地域感情、地域経済発展に対する過った運営を今は、自らが繰り返しているだけなのである。

特に、南北問題がそうである。六月十五日に南北首脳会談を通じて南北の首脳が会ったことは肯定的に評価できるが、その後の対処方案がない。

今日のような経済困難な状況の下において、小麦粉や米、肥料などを支援すれば野党や国民からも同意が得られたかも知れない。しかし、現金で支援してしまったのである。それだけでない。『現代』を前面に立たせたため、結果的に現代グループ自体が傾いてしまい、国の経済まで乱れた。

国際社会においても、アメリカのブッシュ政権が樹立された後、対北政策に足並みをそろえるのが難しくなってしまったのも事実である。日本は天皇制に対する右翼化現象が起こっており、中国は中国なりに日本とアメリカとの関係が入り交じった複雑な状況になったのを見ると、結果的にもっとも大きな成果を挙げながらも、最大の懸念事項を残したのがまさしく南北問題である。

統一のためには、戦争の脅威をなくし、平和共存、平和統一、南北協調は大事であるが、一方的な与えっぱなしの南北間の図式は、非難を免れない。今からでもこの部分について信頼を得られるようにしなければならない。

また、韓半島を取り囲む列強国との良好な関係を維持し、彼らが同調できる環境造りを行い、南北がお互いに実質的な自主性を認めるようにしなければならない。

P某氏、L某氏などは北に親族がいるとか、政府高官の誰々の両親が北に住んでいるという巷のうわさに対し、全国経済人連合会のミン・ビョンギュン院長の「わが国はそれでも自由主義国家なのか」という発言が世間に波紋を広げたこともあった。

野党やマスコミから批判を浴びている過去の腐敗した人をなぜ現政府は採用しているのだろうか。結局、民心を無視し、逆なでする傲慢な政治の一端に過ぎない。もし私が彼らと共にあのポストにいたとしたら、どんな手段を使ってでもそのような人事はさせないように勧告していたであろう。

政治にもタイミングが重要である。タイミングを逃したら、再びその機会を手にすることは実に難しい。

黄長燁は北朝鮮人か、韓国人か

北朝鮮の金日成主体思想を作ったと言っても過言ではないほどの人物である、黄長燁元朝鮮労働党秘書が、一九九七年四月、わが国に亡命を求めて帰国した事件がある。当時は、国中が大変な騒ぎだった。彼が韓国の地に足を踏み入れた日。飛行機のドアが開いたとき、六七日間と言う緊迫した亡命劇を終えたその瞬間に、黄長燁氏の感激の万歳三唱を叫んだその姿がテレビに映し出された。中には防弾チョッキを着、スーツ姿に中折れ帽を手にした黄長燁をニュースで見守りながら私は、妙な気分を感じずにはいられなかった。事実上、北朝鮮の奇怪な主体思想を基盤に国家存立を実現させた権力の核心、その張本人でもあったからである。一朝にして彼らの思想を批判し、亡命したその姿に当惑するほどであった。

彼は疲労の色一つなく、明るい表情で劉彰順元総理など、昔の同窓の歓迎を受けながら、再会の喜びを分かち合っている場面も実に印象深いものであった。しかし、彼の北朝鮮に対する強力な批判やそれ以外の発言がこれからも変わらずにいられるのだろうかという疑問と、共にさまざまな波紋を呼ぶことに対する懸念もある。

私は、李哲承(元新民党党首)党首と会った席で、黄長燁氏の話を聞く機会があったが、実に興味深いものがあった。

黄長燁氏は、李哲承元新民党党首の家に三、四回ほど訪れて、いろいろと自分の思いを語ったことがあったという。

二〇〇一年五月下旬、金ヨングァン前国会議員は、黄長燁氏と申相玉、崔銀姫夫妻を漢南洞にある某クラブに招待したことがあったそうだ。さまざまな話が進む中、黄長燁氏の近況について尋ねると彼は、今置かれている立場に対する深い苦悩と言葉にできない辛さに悩まされていると言っていた。彼の話を聞いていた李哲承元新民党党首も、彼がおかれている政治的現実を理解するようであった。

黄長燁氏は亡命声明文で「戦争を防ぐために私はここに来た」と、亡命理由を明らかにした。実際彼は今まで北朝鮮権力の甘い汁を味わってきた最高位の人物なのである。ところが四年前にこの地に亡命してきたとき、彼には自由活動に関する保証とテロの脅威に対する国の保護が必要であった。もちろん、彼は法律上、脱北者の一人であり、脱北者保護支援法の基本枠内で一定期間の調査や社会適応のための教育や大韓民国国民としての戸籍発給といった理論的な法的手続きがあった。また情報に対する補助金名目で、少なくとも二億ウォン以上の支援も受け、対外活動などで統一政策などへの諮問を任されることもある。しかし、「安家」の内に留まり、テロの脅威から保護を受けるという利点があった反面、自由な活動は制限されていた。

昨年の冬、彼は「外部遮断五項目禁止処置」(政治家と言論人との接触禁止、外部講演の出演禁止、出版禁止、脱北者同志会会報である『民族統一』への執筆禁止、民間次元の対北民主化事業への参加禁止)に対して声明を発表したことで国情院の反感を買い、事態は思いもかけない方向に逸れてしまった。

すでに非公式経路を通して、北朝鮮が中国同胞を利用して黄氏狩りを推進しているという話を聞いた彼は、さぞ複雑な心境だろうと思わずにはいられなかった。自分は韓国の人間なのか北朝鮮の人間なのかで葛藤に悩んだ彼の心情が、初めてこの地に足を踏み入れたときの「ソウルの地を踏んで感慨無量です」と言う気持ちから煩悶無量に変わってしまったのではないかと思うと、何とも言えない思いである。

興味深い申相玉夫妻の話

ついでに出た申相玉夫妻の話もまた実に興味深い。申相玉監督は、韓国を代表する映画製作者であり、監督でもある。北朝鮮に渡った彼の経緯が亡命だったのか拉致だったのかについては知られていないが、朴正熙政権下で映画製作に対する禁止と規制が厳しかったことに対する不満を吐露したことは火を見るよりも明らかである。

申相玉監督が北にいるときに製作した『ブルガサリ』という映画が韓国で上演されたことがあった。韓国での興行は失敗であったが、彼は北朝鮮でメガホンを握って製作している途中、脱北し、その仕上げを北朝鮮の他の監督が行ったということや南北の交流が始まり、韓国で公開されるまでは長い歳月が必要であった。

申監督が北朝鮮に入ったことで北朝鮮の映画界にいくつかの重要な変化をもたらしたと

言われることがある。北朝鮮の映画のエンディングクレジットには俳優やスタッフの名前が出なかったが、申監督以来、製作に関わった人の名前が画面に出るようになったのだという。また、映画のタイトルに「愛」という単語が使われるようになったり、愛をテーマにした多くの映画が作られるようになったのも申監督の影響だという。

申監督が映画を作る度に撮影現場に現れて、強い関心を示し、激励したという金正日。そして彼の感覚を高く評価したという金日成を残して脱北した彼らの話は、だからこそ聞いていて面白いのだ。

「なぜ北朝鮮に行くことになったのですか」

金ヨングァン議員が聞いた。北朝鮮に行ったところ、金日成は、自分たちに「申先生、あなたは映画監督で俳優ではないですか。ここで心行くまで映画製作をし、活動をしてください。韓国には映画撮影のための費用も膨大で、エキストラやその他の撮影現場などにもすべて費用がかかるではないですか。しかし、ここでは私の一言で一万人なら一万人、二万人なら二万人のエキストラをどこへでも集めてきて、何でもさせることができます。ですからここでお仕事をなさってください」と言ってある通帳を手渡してくれたが、そこには莫大な資金が入っていたと言った。

そこで金ヨングァン議員が、「ならどうして脱北を決心したのですか」と尋ねると、「私が最もつらかったのは、朝晩金日成の写真に向かってお辞儀をし、崇拝しなければならなかったことです。これはあまり知らされていないことですが、脱北を試みて失敗し、牢獄に入れられたこともありました。その後四年間、活動したが、偶像崇拝に耐えられなくなり、再び脱北を試みるしかなかったのです」と、昔を振り返っていたという。

また監督は、「六月十五日の南北会談を見て感じたことですが、金大中がノーベル平和賞を受賞したのは実にめでたいことです。しかし、彼のインタビューの中で、金正日が一緒に受賞できなかったのが残念だというまるで同じ功労者であるかのような言葉が理解できなかったのです」と批判をしたという。

彼の言葉には、誰よりも金日成と金正日を良く知る人物として、ノーベル平和賞を受賞するほどの功労などないという意味が込められていた。もちろん、南北首脳会談と離散家族再会は、われわれ市民の目には脚本なきドラマのように映った。しかし、わが政府や北朝鮮も果たしてそのように見えたのかという疑念が湧くのは、どうしようもないことであるように思う。

道端のホームレスを見ながら、北朝鮮に送った物的支援や食料、肥料、現金といった多くの目にみえない支援のすべてが、われわれにとってこそより切実なものであったのではないだろうかと思うことも事実だ。

私が韓国の人間で、彼らが北朝鮮の人間だからだということではなく、わが国の経済が火の車になっている状況で、彼らに手助けをするというのは、何か順番が違うのではないかと思うからである。とにかく、その日は李哲承党首とあれこれ話を交わしながら、わが国の抱える問題に慨嘆し合ったりもした。政党が互いに争い合って私党化し、郡党化する現実や大韓民国という国に希望を求めて亡命した彼らが、心安らかで自由に生活できない現実には、実に恥ずかしい思いをさせられる。

時々ドラマなどを見ると、今まで育ててくれた両親が実の親でないことを知り、生みの親を探して旅に出るストーリー。生みの親も育ての親も、共にかけがえのない大切な親であるということに気づくという結末で締めくくられている。私たちがどこで生まれたかは重要ではない。全羅道で生まれても、慶尚道で生まれても、私たちは同じ大韓民国の国民であるように、ソウルで生まれたにしろ、北朝鮮で生まれたにしろ、皆一つの民族であるからだ。わが民族の誰もがこの地を踏んだとき、このような混乱の中で煩悶することのない国となる日は、一体いつのことだろうか。

われわれに果たして国力はあるのか？

六月十五日の南北会談時、南北の代表として活躍したソン・ヨンデ前統一院次官と電話で話す機会があり、次のように語ってくれた。

六月十五日の南北首脳会談後、南北はこの会談をこれからどのような方向に生かすだろうかと考えたことがある。北朝鮮側は、経済支援の手段として利用しているに違いないでしょう。北朝鮮は現在、食糧難、エネルギー難、外貨枯渇難の三重苦に苦しんでいます。だから彼らは、韓国がわれわれの生活を楽にしてくれるだろう、という期待感があるのです。彼らはお金の必要性を痛感しているからです。

故鄭周永会長は、牛の群れを引いて北朝鮮へ行き、また現代牙山は、二〇〇五年までに三億四二〇〇万ドルを支援することにしているが、すでに三億六〇〇〇万ドルが北朝鮮に送られている。彼らから見ればまさに棚からぼたもちでしょう。要するに平和、共存、統一といったものを基準にしなければならないのに、六月十五日の南北間での合議では平和が抜けているのです。つまり、龍の絵を描くのに最も重要な目を描き忘れたというようなものでしょう。戦術的な変化はあったにしても戦略的変化にはならなかったということです。

安保機関に携わった金チャンシク氏は、「安保とは、敵の脅威から自分や家族を守ることであり、国と民族を守ることです。脅威とは、単純に軍事的、物理的な脅威だけを意味するのではなく、経済的脅威や理念的な脅威などと私たちを危険に陥れるすべてのものを意味するのではありませんか。

今、われわれは脅威に直面していると言った。銃や刃物にではなく、経済が、そして社会混乱が脅かされている意味でのことだ。自国の利益のみを守ろうとする冷酷な国際競争社会において自らを守り、国の利益を守るためには、攻勢的な安保と守勢的な安保を状況に応じて適切に調和させなければならない」

彼はまた、一貫性を持たない現在の安保化政策を嘆きながらも、かつては防衛献金を取りたてるまでして安保に総力を上げて取り組んできた政府が、あまりにも安逸になり過ぎたのではないかと憂慮していた。

国民の同意や支持を得られない安保は、その理想と目標がいくら立派であっても支持を得られないのが現実である。国民の協力が得られない政府は、国力を発揮することはできない。

「政府が推進する計画がなぜいつもこうなるのか私には納得できません。国と経済のことを考えると夜も寝つけないと言ったら信じてくれますか。見てみなさい。このまま行けば、ＩＭＦ体制の二の舞です。まともなものは一つもありません。政治も不動産も株式もみんな死んでいます。民主主義と市場経済を主唱していた政府とその政権が認めなければならないのは、昔すでに作り上げた経済の上に成り立っているということです。

かつて高速道路を敷き、自動車を作った結果、今のこの国があるのであって、現政権がしたことといえば、仁川新空港を建設したことくらいでしょう。ベンチャー企業を育成するだの、ＩＴ産業を発展させるだのと言っていたのは、いわばバブル経済の賜物であり、すなわち失敗なのです。既存産業を煙突産業に例えます。このところ工場を中国に移転するところが増えている理由として、労組問題で設備ができないと言うから呆れてしまう。すべてがいやです。どこにその対策があるというのでしょう。

政府も政治家も仕事らしい仕事をしてくれないと困るのです。良いことをしても悪いことをしても所詮非難はつきもの。でも何かしらまともなことをやってもらいたい。わが国は今最悪の状況です」

郵 便 は が き

料金受取人払

神田局承認

5618

差出有効期間
平成15年9月
24日まで

101-8791

007

東京都千代田区西神田
2-7-6川合ビル

㈱花 伝 社 行

お名前《ふりがな》

電話

ご住所（〒　　）
（送り先）

●新しい読者をご紹介ください。

お名前

電話

ご住所（〒　　）

愛読者カード

このたびは小社の本をお買上げ頂き、ありがとうございます。今後の企画の参考とさせて頂きますのでお手数ですが、ご記入の上お送り下さい。

書　名

本書についてのご感想をお聞かせ下さい。また、今後の出版物についてのご意見などを、お寄せください。

●購読注文書

ご注文日　　年　　月　　日

書　　名	冊　数

代金は本の発送の際、振替用紙を同封いたしますのでお支払い下さい。（3冊以上送料無料）

なお、御注文はＦＡＸ（03－3239－8272）でも受付けております。

毎日経済編集局長と論説委員長を歴任したペ・ビョンヒュ氏も「最近、あちこちから聞かれる嘆きの声に気が重くなる思いである。眠れない夜に悩まされている」と言った。

先日、白玉ブランドで有名なジョンサン実業の金ソンニョン会長に会い、世間話をしたのだが、実に嘆かわしい話ばかりであった。

「人間を自然人というならば経済は社会人ということができる。すべての生命体は、それが自然人であれ社会人であれ、環境に支配されて生きているではありませんか。韓国の経済政策の最大の問題点は、環境の支配に順応しようとせず、むりやりに環境を作り替えようとしている点なのです。われわれは、知識社会に入ることさえできない水準であるにも関わらず、知識産業を宣言し、経済運営を行っているのです。例えば、陸上選手は速く走るためにユニフォームを軽いものに改良したり、衝撃と重量を減らすために研究を重ねたりします。

しかしわれわれの状況はと言えば、シューズもなく、重いユニフォームのまま競技に参加しようとしているようなものです。とにかくグローバル化を唱えればすべてうまくいくと信じて、自国中心の政策を遂行しているだけなのです。現在、わが国は時代を逆行しています。経済も自由貿易を唱えながら、実は保護貿易なのです。自由貿易の恩恵を受けるために政府が牽制し守らなければならないのにほったらかしているのです。だから公権力も維持できず、国民は国民で、社会不満が増大するだけなのです」

単に彼と私二人だけの嘆きではなかったのだ。

「金大中は国政を間違った方向に導いているのです。彼には失望しました。だからと言って野党も党の運営においてまともにやっているわけでもなく、結局指導者がビジョンを描けない限りは、このまま行くのは難しいと思うのです」と彼は言い、私も彼に同感だった。

果たしてこのままでわが国の国力、そして安保は無事でいられるのか。深く憂慮せずにはいられない。

第五章　人生は旅である

国会議員のとき、政府国政演説

「組織暴力の大物、金泰村と結婚します」

韓国の政治の歴史は、常に力と暴力とが一体となっていたように思う。

五・一六軍事クーデターではじまった軍事政権の執権勢力は、自分たちの権力を維持、保守するための政策として大々的な社会浄化を行った。ドラマ『ワンチョ』で話題になった李ジョンジェのようなヤクザやイム・ファスのような政治ヤクザを見せしめに死刑にしたりした。

維新という言葉は組織暴力よりも恐ろしく、朝になると町々に響き渡る「朝の鐘が鳴りました、新しい朝が始まりました」という宣伝放送を聴かなければならなかった。

一九七〇年代以後、経済は急ピッチで成長し、好況を呈するようになるとヤクザの再組織化がはじまった。一九八〇年代には暴力界の春秋戦国時代と言っても良いほど彼らの影響力は高まり、暴力の乱舞を繰り返した。

全斗煥政権時代、『三清教育隊』という恐ろしいものが作られ、いわゆる「社会悪の粛正」が行われた。その当時、湖南派として結成され後に「ヤンウニ派」となったチョ・ヤンウンが率いる勢力と、韓国組織暴力界の生きた伝説と呼ばれる金泰村の「ソバン派」、そして他のOB派という勢力の三ファミリーが二〇年の間、韓国における組織暴力社会を揺るがしてきたといっても過言ではない。

私がこれほどまでに暴力界の歴史について述べる理由は、現在も服役中の金泰村との妙な縁からである。いや、正確に言えば、彼の妻であるL某氏によるものである。

私が彼女を知るきっかけになったのは、私の故郷である宝城郡からはじまる。宝城郡で議会活動をしていた頃、彼女は歌手として私を常に後援してくれていた。どこへでも私に付き添い、歌で民衆の心を先導してくれるなど目に見えない後援を続けてくれたのである。そんな彼女を私は、ただ親しい間柄程度に思っていた頃、私の後輩の金ヨンウン土地博物館館長から彼女のことを聞かされた。彼女は、組織暴力の大物、金泰村と獄中結婚したという内容であった。私は知らなかったことではあるが、マスコミや雑誌ですでに話題になっていた。

そういうわけで、私は特に関心を持って彼女を見守ることとなったのである。こうしてお互いの噂を耳にしていた頃、私はさらなる衝撃の知らせを聞いた。彼女がガンの宣告を受けたということだった。近いうちにぜひ彼女に会ってみたいと思い、電話をかけたが、彼女は弱々しい声で「今日も身動き一つできません。議員さん、また次の機会にしましょう」と言った。

彼女は現在、老人や恵まれない子供たちのための会の副会長として活躍しており、六月一日に奨忠体育館にて行われた老人福祉行事にも参加したりした。

彼女は、「六月一日に催し物があります。金サンヒさんが会長で私が副会長を務めておりますが、毎年恒例の行事だし、老人のための福祉行事には参加しなければなりません。でも体が思わしくないので、行けないかも知れません。私が来年まで生きられたらもっと素晴らしいことをたくさんしたいと思います」と言った。

電話を切ってから切ない思いと彼女の生き生きとした肉声を聞いてみたくなり、去る六月十五日の夜、ラマダ・ルネッサンスで短い時間、彼女に会うことにした。久々に顔を合わせた彼女は、以前のようにあの素晴らしい声で活気ある声援と歌を聞かせてくれていた歌手というよりは、ただ純粋な目をした美しい女性という印象であった。彼女の今までのことを聞くと胸が張り裂けそうで、彼女が去っていった後も私は、その場からしばし立ち上がることができないほどであった。

彼女は、土地開発公社の博物館長をしていた金ヨンウンから金泰村を紹介されたという。

金館長から「あなたのような人なら金泰村を悔い改めさせ、改心させることができる」と言われ、彼に一度連絡を取ってみるようにと勧められたという。信仰心が深かった彼女は、金泰村を教化させるつもりで文通をはじめたようである。

一九九六年から彼女と金泰村は、お互いの紆余曲折な人生を手紙で語り合うようになり、そうこうしているうちに愛情が芽生え、知り合って三年目の一九九九年三月三十一日、お互いに一度も顔を見たこともなく、一度も手に触れたことのない二人の皮肉な獄中結婚は行われたのである。

金泰村は死刑から一五年に減刑され、現在服役一二年目に入っているという。彼女は、肺ガンの宣告を受けて手術した後に肺結核を患っている彼がかわいそうだと涙ぐんだ。

青松から晋州刑務所に移送されたものの、通常肺結核と診断されれば釈放するのが原則であるが、金泰村には適用されなかったことに胸を痛めているようだった。刑が終わるまであと三年だというが、彼と話したいことは山ほどあるのにそれもできずに申し訳ない気持ちであると言った。

一度も手を握ったことのない相手と獄中結婚をし、噂が広がると息子の婚約まで破棄されたという。私は、彼女にそれ以上辛い思いを思い出させるのは気の毒だと思い、短い談笑を交わしただけで別れることにした。

彼女は、金泰村の獄中世話をしているうちに子宮頚部ガンにかかったという。彼の釈放運動のために東奔西走し、彼に関して誤解されている部分を正そうと尽力した中で患った疾患。二〇〇〇年三月二十九日に手術はしたが、その経過はどうなるかは誰も予測できないという。

先日、金泰村に関する記事が掲載されていた。その中で金泰村は、「紹介で知り合ったが、実に純粋で、一言で言えば天使のようだった。俗に言う芸能人に対する先入観というものはあったが、彼女は実に純粋なんだ。芸能人だの美貌だのというものは別として、人間があれほどまでに純粋であれるはずがない。私のせいでガンになってしまった。私の世話をするために。今はただ、妻の健康だけが気がかりだ。出所したら妻のためにも絶対罪を犯したりはしない」

また、「私が犯した罪のために妻がガンにかかってしまった」という彼の自白は、傍から見ているのも気の毒なほどであったという。

マスコミで言われているとおり、彼の「悔い改め、改心した」というのが本当かどうかは誰も分からないことであるが、今日会ったL某氏の切々とした姿を見るだけでも彼が真の信仰者の姿で出所し、幸せな日々を送って欲しいと願うばかりである。

組織暴力界のボスとして君臨した彼は、政財界の人とも縁が深いと話題になったものだ。彼の拘束理由は実に興味深い。

金泰村は、スロットマシーンの大物である鄭ドクチン兄弟と共に済州道西帰浦にあるホテルと光州にあるスロットマシーン場を引き受けたことがあった。身に迫る危うさを感じたウォーカーヒルの(株)パラダイスカジノを経営するJ氏は故崔ジョンヒョン会長に、金泰村から脅迫されていると訴えたという。盧泰愚元大統領と姻戚であった崔会長は、大統領に話を告げ、さまざまな事件を束にして彼を逮捕したそうである。

今でもそうだが、芸能界に関わる人間や政治家たちは、ほとんどが暴力団との密接な関係を持っている。かつて彼らは、選挙運動中に相手候補を誹謗したり、演説を妨害したり、芸能人の世話人になったりすることなどはよくあった。

彼らの力と無知が通じるところは、この国のすべての政事を動かすべき政治家の腹の内であったし、国民の情緒や流行を先導する芸能人たちであったというから実に面白い世の中である。

親久（チング＝友人）！

親久（チング）とは、長きにわたって親しく付き合う友であるという。長年履き続けた靴が足にピッタリと合うよう形を変えていくように、やはり長年付き合って行くうちに変わっていくのが友達だろう。

私も先日、全国で旋風を巻き起こした『チング』という映画を見るため、志を共にする姜ヨンミ女性同志と地区党事務室の朴グムソク局長と一緒にヒューマンノスタルジアを懐かしみながら映画館に足を運んだ。

『チング』は、一三歳の子供のときから親しくしてきた四人の親友をめぐる一九七〇年代後半から一九九〇年代半ばにかけての愛と友情、背信などを描いた映画である。私もやはりそのような時代を経験してきたので映画を見ながら昔を思い出したりした。今は見ることもなくなった黒の学生服も懐かしく、若い頃にローラスケート場で知り合った初恋の女性に胸をときめかしたことなどが思い起こされた。

高校時代、友達の乗馬大会の応援に行き、他校の学生と喧嘩になったこともあった。負けることを嫌い、一発食らうと倍にして返すという性格だった私は、会場を騒然とさせるほどの大喧嘩を起こし学校から停学処分まで受けたのである。そのため私は光州北中に転校しなければならなかった。

映画というジャンルは、その社会の文化的背景を最も深く容易に映し出せる鏡のようである。

つまり、社会の反映なのである。一編の映画があれだけの観客を動員したということには、その映画が人々の内面の何かを、あるいは社会の何かを揺り動かすからに他ならない。一緒に行った女性同志に、主婦の観点からどう感じるかを尋ねてみた。彼女は面白かったと簡潔に答え、ただ子供たちに見せるにはちょっと気にかかると付け加えた。

最近の話題は『猟奇』と『カクテキおじさん』である。日々ヤクザ集団は美化され、暴力も美化される世の中になりつつある。まるで彼らが立派な哲学を持って生きてきたかのように偶像化する風潮まで生じている。

もちろん映画『チング』に対し、さまざまな立場から論じられているように「暴力性」という観点からして、私たちはどれほど暴力の問題に対して鈍感であるかを思い知らされる。このような暴力が人々の憧れの対象となって「真似」をするまでになっているということである。しかし、映画評論家が言うように、ただ非難されるだけの映画だけではない十分な理由として、物語が事実を根拠にした私たちの過去であり、まるで私たちの自画像のように郷愁をそそるものだからであろう。

実際、今も「チルソン派」や「新21世紀派」は、相変わらず釜山一帯で大きな組織勢力として残って活動を続けていることを見れば明らかである。

かつてのチルソン派の頭である李カンファン氏も、刑務所出入りを繰り返しているし、また新21世紀派のトップも何度も捕まっている。

映画『チング』は、一九六二年生まれの人を背景にした実話で、クァク・ギョンテク監督の高校の親友の物語であり、映画の中のレインボークラブの七人の女学生の話も七姫カミソリから由来している。当時一山一帯の男子校や女子校では、伝説のように「七姫に逆らうと肉も骨もない」という噂が流れるほどであったそうだ。

先日の新聞に掲載されクァク監督の社説が実に印象深かった。映画『チング』が八〇〇万近くの観客を動員し、その記事を扱う面が変わってきているということだった。つまり、当初は「芸能欄」に載っていたものが、試写会終了時には「文化面」に移動し、大ヒットする兆候を見せるや興行実績にまつわる現象への関心は社会面で取りざたされ、実際に大ヒットとなると、文化的ヒット商品云々といって経済面に登場した。その後、政治家による発言まで掲載されるようになったからである。

これほどまでに話題となり、一つの社会現象にまでなった理由は果たして何であるかを考えてみた。先日ある食堂で、お客の少ない合間を縫って「高等学校進路教育プログラム」を開いて勉強をしているそこの息子を思い出した。わが国の教育実態もめまぐるしく、長官が替わるたびに変わる教育政策によって学生も振り回されている。後ろからそっと見てみると「真の友達」に関する論述であった。

中国故事のようであった。毎日を友達と群れになって遊んでばかりいる息子に父親はある日、「お前に果たして生死を共にするに値するほどの親友はいるのか」と聞いた。彼は肩をすくめながら「いくらでもいる」と言った。父親は試しに大きな豚を一匹煮てから筵に包んで人間の死体に見せかけた。そして息子が親しい友人と言っていた人のところへ行って息子が過って人を殺してしまったのでかくまってくれないかと哀願してみた。ところが、その友人は共犯になるのを恐れて父子を追い出した。他の友人宅にも訪ねて行ったが、結果は同じだった。今度は父親の友達の家に行くことにし、その家のドアを叩いた。そして息子の友人にしたのと同じように事のいきさつを話して聞かせるや周囲を見渡してから親子を納屋にかくまってくれたのであった。父親は納屋から出てすべてを打ち明かした上、筵で包んだ豚を酒のつまみに、積もる話に花を咲かせたというあらすじである。

「父親が息子に教えたかった真の友人とはどんな人であると思うか」という論述を求める質問であった。

果たして真の友達とは何であろうか。

金ウンソという人は、旧友であり、私にとってまたとない親友である。彼は、父親の家業を継ぎ、南海の造園事業を営んでおり、今は、南海鉄鋼、南海造園など六つのグループ会長でもある。

法は無用であると言えるほど、彼の言葉はすなわち約束そのものであった。そんな彼が最近脳の手術を受けたというから三星病院に見舞いに行った。手術は成功したそうでほっと安堵のため息をついたが、彼に対していつも気がかりに思っていたことがある。私の後援会員である彼が、企業人として野党である私のためにもしや被害に遭ったりはしないかということである。しかし、私たちは永遠の友人である。

『チング』でチャン・ドンゴンは、部下に「お前に友はいるか」と聞くシーンがある。私はその映画を見ながら金ウンソのことを思い出していた。

論述問題の例文にもあったように、いくら友人が多いといってもいざというときに危険を犯してまでも手を差し伸べてくれるような親友を得るのは、実に難しいことである。私の周りにも多くの友人がいる。子供の頃は、友人との義理を命よりも大切にしたものである。大学時代の民主化闘争のときも常に行動を共にし、裏切ったことなど一度もなかった。

しかし、政界に入ってから人間的な面や政治的な面から義理のない人間たちを数多く見てきた。自分の栄達のために他人を謀略にはめる人間や、ポストを得る目的で誰かを支持する人間などいくらでもいるのである。

『チング』という映画は、ある面では芸術作品ではないかもしれない。しかし監督の意図通り、われわれはその映画を通じて、友とは何であろうかということをたった一度でも友達に電話をかけてみようと思わせることができれば、それなりに良い映画であると言えるのではないだろうか。

むしろ毎日ニュースで交通事故や言い争いの末、誰かが刃物に刺されたなどという話を聞いてもなんとも思わない反面、映画に出てくる暴力シーンにああだこうだと騒ぎ立てるのはある意味では矛盾しているといえる。

橋や百貨店が崩壊して数百人が死に、農村では雨が降らずに作物が台無しになっても、国会ではものともせずに議員同士が力ずくで争い合い、些細なことでかっとなるのがわが社会である。視覚的に見て取れる暴力よりも苦しい生活をしている人々をさらに苦しめ、権力を楯に理不尽なことを容認してしまう暴力、すなわち目に見えない暴力の方が問題なのではないだろうか。

神父様、わが神父様

ハンナラ党天主教教友会の忘年ミサが開かれた。そのミサには、李総裁夫妻と朴グァンヨン議員をはじめとする三〇〇余人が参加した大変栄誉のある席であり、私にとってもかつて忠清北道ウムソンで親しくしていたオ・ウンジン神父の貴重な話をたくさん聞くことができた良い機会であった。

オ神父は、政治の指導者になるためには神をあがめ、主をあがめよ。政治は一人でできるものではなくみんなが力を合わせて行うものであると説教した。言い換えれば、隣人を敬えば自ずと成長し、すべてのことに最善を尽くし、感動を与えなければならないというものであった。政治家には教科書的な言葉であり、実にありがたい言葉であった。

神父様、ありがとうございます。

神の言葉に従い、貧しい人々への施しを努めたとき、私の力となってくれる神父がいる。日雇い労働者の不安を和らげ、より安定した生活のために東奔西走したときにアドバイスを求めたこともあり、後に社団法人日雇い労働者協会創立にあたり、後援会会長職を引き受けてくれたイム・サンマン神父に感謝の気持ちを伝えたい。

金スファン枢機卿とオリニ（子供）大公園ミサで

神父様、神父様、感謝申し上げます。
私は天主教信者である。神を信じ、神を愛し、神に知恵を乞う。
人はよく、絶望的な状況に立たされたとき、宗教や信仰を求める。私は、子供の頃から信仰を温めてきたのだが、それほど生涯神にすがり求めるほどの苦労をしてこなかったせいか、あたかも習慣的な日常の一部として信仰生活を送っている。
公薦に落ち、政治の舞台裏で慣れない生活を強いられたとき、私は挫折を経験した。どこでも一番であり、どこでも先頭に立てば私に従い、私を支持する群集ができたほどだったので有頂天になっていたのかもしれない。公薦に落ちたときの挫折は、自分自身を省みる時間を与え、私の過ちを一つずつ振り返る機会を与えてくれた。神は私に失敗という経験を通じて再び関心を持たせてくれたのかもしれない。その頃から、私はより熱心に祈祷し、信仰生活を送るようになった。朝は、まだ誰も出勤していない事務所でお祈りをする。

「今までの私の生活の中には、主を認めることができませんでした。そして私はあなたを心から求めることもありませんでした。しかし、今は主を認め、今日もあなたの前で跪き、祈ります。私の信仰を変り無いものとして導き、多くの人々のためになる人間でありますよう、今日も見守ってください」

すべての始まりのときに捧げる祈りは、私にとって一日を確かなものとしてくれる大きな原動力となっている。

二〇〇一年七月四日、私は三五周年司祭叙階式に参加するため、紫陽洞聖堂を訪ねた。そこで、長い間親しくしていたメキシコ出身の金マウリリオ神父と会った。彼が韓国に来てはじめて司祭活動をしたのが私の故郷である全羅南道宝城である。

私が金神父と出会ったのは、金ギソプ広津区議員と一緒に紫陽洞教会に通いはじめたとき、金神父との話の中で、宝城で司祭活動をしたことを知ったのである。外国人神父でありながら流暢な韓国語を話す彼のことが気にかかり、彼のミサにも参加したり、教会にも頻繁に訪ねて行くようになったのである。

元々私は、母の生き方や教えに従って教会に通っていたが、お酒や人情を好んだ私は、伝統的に保守的な傾向のあるプロテスタントよりもカトリックに改宗した方が良心に照らしても自然ではないかと思い、聖堂に行くようになったのである。当時、早稲田大学に招聘教授として在籍していた私は、通信教理を通じて勉強をし、洗礼を受けた。それがカトリックと私との関係のはじまりである。

金神父が勤める紫陽洞聖堂は、他の聖堂に比べて経済的にもまた、外国人労働者が多く集まる教会として困難な問題を抱えていた。それにも関わらず、生まれ故郷を離れて他国で教会を支えている金神父に会う度に私は、胸に迫る感動を覚えるのであった。

わが国の事情に詳しい金神父は私の妻に、「ここでは難しいです。どう見ても間違ったように思います」と繰り返して言ったという。今考えると、外国人神父でありながら、地域感情に染まった選挙風土をどこの誰よりも良く知っている神父ではないかという思いがした。私は、この聖堂で洗礼や教育を受けた以上、週に一度でも金神父に会わなければ気が済まないようになっていた。

いつだったか、金神父の説教の中に印象深い話があった。この間、彼はメキシコに住んでいる母親に会うために休暇を取ったそうである。九六歳の母親は、死の淵をさまよいながら、息子に会いたい一心で生きているという。そのような母親を後にして再びこの国に戻らなければならなかった心情を語りながら、一五歳のとき母親の手につながれ神学校に行った話や今の自分に至るまでのさまざまなつらい出来事や悔恨を語った。そして何よりも神父の最後の言葉が私の心を揺さ振った。

「私がもし生まれ変わったとしても必ずまた韓国に来て、神父として務めるでしょう。そして、みなさんにぜひまたお会いしたいと思います」

私の心に深い感動が湧き起こった。

まさに私たちが見習わねばならない教訓ではないかと思う。自分の利益に血眼となる物質万能主義や利己主義が横行するこの社会で、自分の自由な人生を諦め、他の人々のために犠牲にするというのは口で言うほど簡単なことではない。たばこの吸い殻を拾ったり、道端のホームレスの背中を叩きながら一杯の温かいご飯をごちそうすることなどは想像もせずに日々を過ごしている。人は人、我は我である。私たちは共に生きることに悟らず、愛の不感症の中で暮らしている。最も大切なものには関心がなく、実にくだらない物事に執着して生きている。

失敗を経験する前までは私もやはりそうであったかもしれない。いや、失敗をしたときもそうであったのかもしれない。政治的立志に関する些細な執着が心の傷となり、その傷によって突然挫折を味わい、苦しんでいたのかも知れない。政治の第一線にいたときには、政府懸案に関心を持つよりも党派間の争いで、誰の声がもっと大きいのかということにこだわっていたのかもしれない。そんな些細なことにこだわり、有頂天になって生きてきたのかもしれない。

聖書の中に、神を信じて従うヨシュアに大きな敗北を味わわせた逸話がある。彼は、導いてくれる神が自分には当然あると信じたあまりに実力を過信し、征服を目論んで負けてしまう話である。ヨシュアはその敗北を通じて悔い改め、神の元に戻ったのである。

失敗することと敗北者になることの間には大きな差がある。ときには失敗がむしろ人生に重要なステップとなることもある。むしろ私たちは、より大きなことを成し遂げるために小さな失敗を拒まないことも学ばなければならない。失敗が敗北者を作るわけではないからだ。

性の氾濫・釜山ワンウォル洞物語

売春とは、漢字で書くと「春を売る」、「青春を売る」という意味である。若さと美しさを売る行為がすなわち売春である。わが国の売春の歴史を見てみると売春業は、日本人がこの地に入ってくるようになってから始まったと言われている。いわば合法化された公娼である。

私は、大学を出て初めての職場が釜山であったが、当時釜山には、有名な売春街があり、そこを一名「ワンウォル洞」という。ここは一九〇七年、日本人によって作られたが、釜山港が一八七六年に開港してから日本人が挙ってやってくるようになり、男性のために女性が必要になったという。

いたるところに公娼ができ、一九〇七年に日本の居留民団が釜山忠武洞一帯の土地を買い込み、あちこちに散在していた遊郭を一個所に集めて売春業を始めたという。それが「ワンウォル洞」である。

私は先日、釜山チルソン派の頭である「李ガンファン」の面会を申請してあった件と郷愁の思いもあって釜山を訪ねた。若い頃、職場の同僚と共に過ごした釜山であったが長い年月が流れた今、再びその地を訪れてみると二〇余年が経った今でも変ったのは外観だけであった。今でもあの場所は「ワンウォル洞」として通っており、多くの人通りがあった。私はふとそこの人々の人生について知りたくなった。さまざまな事情を抱えた女性達がいて、人に言えない過去を抱えて生きているからである。そんな心の痛みは人を苦しめ、やがて和らぎ、次第に忘れ去られてしまったりもする。そんな話が無性にしてみたくなり、その場所を求めて行ったのである。

金というあるママに出会った。かなりの年に見えた。

「ここでいちばん年上の女性はおいくつですか」

「三二歳の子もいるよ。もちろん若い子が多いけど年上の女性を望む方もいるからね」

彼女の月々の収入は、四〇〇から五〇〇万ウォン程度だという。当初はここで働いていたが、年を取ったこともあり、家族もいるので今は、ママとして働いているという。彼女は、結婚して娘を二人もうけた家庭の主婦であり、厳然たる職業で家計を支えていた。夫は、若い女性を連れてきて人身売買を行った罪で、刑務所入りしたこともあるという。それでも現在まで仕事を続けているのを見ると彼女の言葉通り、厳然たる職業なのかもしれないと思った。

ここでは、男性を呼び込むとき「ちょっと休んでいって」と声を掛ける。実に、休憩していく男性も多様である。タレントから政治家まで、また若い学生や軍隊に行く前の成人式のためにここを訪れる。彼らが休憩するのは五万ウォン、日本人観光客からは一〇万ウォンを受け取るという。

ここには女を管理するマネージャーが別にいて、以前働いていた飲みでの借金を肩代わりして連れてくるケースが多いそうだ。自分から頼んでそのようにして連れてきても中には、人身売買だ何だと訴える女もいるという。ここは雇う側と雇われる側が共存共生する場所である。女性は三カ月毎に血液検査を受け、週に一回は体の検査を受けるという。多くの男性を相手にするため衛生管理が最も重要だからである。

大体一軒あたり一五人前後の人を雇い、そのほとんどは高校を卒業して間もない娘であるという。

ストレス解消のためにやってくるお客が朝まで泊まることを「オールフル（ALL FULL)」といって、他のお客と床を共にしない場合には一晩で三〇万~五〇万ウォン程度、特殊な場合には一〇〇万ウォン払ってくれる客もいるという。

ここ「ワンウォル洞」は、釜山を訪れる日本人観光客は必ず立ち寄る名所（?）としても知られ、最も栄えた頃には売春婦も二〇〇〇人を超えたという。今は、八四カ所の業所で七〇〇余人が生活している。私は高麗大学三年の頃、ここに来たことがある。そのときは実に粗末だった宿も今は入り口がガラス張りになっており、通りすがりにいとも簡単に彼女たちの姿を目にすることができる点が変ったところである。この前、「草場洞」と名前は変ったが、人々は今でもワンウォル洞という名前で覚えており、ここを訪ねてくるのである。

一時期は、家出した少女たちが立ち寄る場所であったという話も聞く。家出をした幼い彼女たちは、チケット喫茶のようなところを渡り歩き、遊楽街や他の島に売られ、淪落の身に落ちるのだという。そこでの借金を肩代わりにしてもらってこの地に来たとしても、チップをピンはねする雇い主もいて、結局借金は膨れ上がるばかりというのがここでの実状である。

ママの話によると、最近は着々とお金を貯めて独立して店を出して出て行く女性も多いという。

玄鎭健の『故郷』という本に「口が達者な人は刑務所へ、煙草の灰を落とす老人は共同墓地へ、顔立ちの良い娘は遊郭へ行く」という話がある。美しい女性の人生を美人薄福、または美人薄命などと言った。もちろん最近は長官になる女性もいるし、女性の活躍には目をみはるものがある。今のわが国全土がセックス地帯同然になっている。インターネットを見ても某芸能人のポルノがあちこちに流れ、マスコミでも巷の車にも性は溢れている。

「アウソン（うめき）」というテレビ番組で有名になった具聖愛が、ワンウォル洞のある女性にインタビューした内容が印象に深い。

「複数の男性と性関係を持つことに不潔感を感じませんか」

「勘違いしてはいけないわ。あれは関係ではなくただの演技です」

相手が払ってくれる代価の分、演技をするだけであると言い、愛の伴った性関係を持つ相手は別にいるという。そんな彼女が付け加えた言葉は、男性に戒めにも等しい内容のものだった。

「汚いですって？　私はこんなところにやってくる男性の方がよっぽど汚いと思いますけどね」

これは昨日今日の話ではない。しかし、初めてこの国で公娼制度を広め、韓国人の精神を混乱させた日本人の遊びにわれわれは荒廃してしまったことを忘れないよう願うばかりである。遊郭から紅燈街へ、紅燈街から娼婦街へと子供たちが迷うことのないよう祈るばかりである。

十分条件と必要条件

私の人生の半分は政治で生きてきた

実に多くの人間と出会い、無数の苦労も味わった。

政治を行うには多額のお金が要る。不正を働くわけではないが、選挙を行うだけでも柱が一本抜けるほどのお金がかかる。だからそれを補うため支持基盤でもある後援会が結成されるのである。ところが、この後援会というのは、密室でお金の受け渡しが行われ、裏取引の政治資金として始まったことも事実である。企業の幹部は後ろからお金で政治家を支え、政治家はその企業の面倒を見るという形でギブアンドテイクが行われてきた。

その後、後援会は正式に公開的な姿を見せるようになり、かつての後援会の姿とは異なり、一万ウォンからでも政治資金として利用し、次第にその正統性が認められるようになった。私は個人的には後援会制度に賛成する立場をとっているが、それは、制度自体に進歩性があるからである。

ところで問題は、野党議員に対する支援は牽制する動きがある一方で、与党に対する支援は黙認されているという点である。

例えば、ハンナラ党の国会議員が以前与党だった頃は、巨額な資金的支援を受けたが、野党になった今は、支援金は大幅に減っているという。それだからわが国では、いまだに権力の中心に立とうと、与党に列を作って自分の出番を待つ人や後援者がいる。

しかし、力の限り支援すると誓っていた人が、野党となった途端、手のひらを返したように散り散りになってしまう。このような現実を目にすると、わが国後援会の水準はこの程度かと残念だ。

野党を支援すれば、税務監査などと政府機関から見えない圧力をかけられる可能性があるため、手を引くしかないという。それは理解できるが、いつまでそのような状態を放置しておくのかといった問題を考えたとき、私たちがこれから解決しなければならない課題ではないかと思う。不透明な政治資金が活性化されないようにする法案など、法案ばかり制定しないで、実行の段階で公正を期することである。

新聞報道によると、新千年民主党は後援会から約二億五〇〇〇万ウォンから七、八億ウォンが支援され、一方ハンナラ党は数千万ウォンから二、三億ウォン程度であるという。これはわが国民が議員個々人の信頼や誠実性、そして推進力を判断材料にしているのではなく、与党か野党かという党優先の権力推移に比例しての数値であると考えられる。

とはいえ、後援会は政治発展にとって不可欠なものである。

小人数で巨額な資金を出すのではなく、少ない額で多くの人が参加する方が良いに決まっている。すなわち、政治の懸案に関心を持ち、支持をする人が多ければ多いほど価値ある後援会となる。党員が党費を支払い、後援会員は後援会費を払う。会員には定期的に書面やインターネットなどで後援者や候補者間の意志の疎通をはかる。

数年前の選挙で知り合ったミン某氏という人がいる。彼は小さな弁当屋を営んでいるが、いつも私の講演場に来ては力と勇気を与えてくれる。

「政治にはそれほど詳しくないんです。それに金もないし、ある種の利益を得ようとしている人間でもありません。ただ二坪足らずの弁当屋を営みながら、市場で白菜が高ければ、経済は一体どうなっているのかと不平を洩らす程度です。しかし、私が柳議員を微力でありながら支援している理由は、苦しい環境にも常に庶民のことを気にかけてくれるその姿が心に焼き付いているからであり、またこれが私が国のためにできる最も小さな最善の姿であると考えているからなのです。

例えば、道端に煙草の吸い殻を捨てなかったからといって道路がきれいになったり、愛国者になるわけではありませんが、そんな小さな努力の積み重ねが道路をきれいにし、環境国となるように私は小さなことを大切にしています。私の小さな力が何の役に立つか分かりませんけれどね」

彼は広津区地域の古顔として、勤勉で定評のある人である。彼は党員の弁当を無料で提供してくれたり、どこかで修練会があると常に黙々と弁当を支援したりする。そんな熱心な人を見る度に、自分自身が恥ずかしくなる思いである。

民主化の舞台に立つためには、新しい認識を持たなければならない。ただ与えられるのを待っているだけではいけない。後援をするだけでなく、直接歩み寄って手を差し伸べる必要があり、われわれはその手を握り返さなければならない。

願わくは、民衆の願いを聞き届け、解決する政府や国会議員となることである。互いに肩を寄せ合い、励まし合い、参加することである。私たちが必要とするのを満たしてくれる彼らがいるように、私たちも彼らの心情を汲み取り、お互いの必要十分条件を備えることである。

第六章　私は愛しか知らない

台湾の陳水扁総統を表敬訪問（総統とは市長のときから10年以上の親交がある）

私が出会った人々 I

私は二一世紀経済社会研究会の理事長を一〇年間務めてきた。

先日は金ドンギル教授を招聘し、二一世紀経済社会研究院総会で、約三〇〇余人の会員や理事が参加した講演会を開いた。私の同志である東アジア経済研究員の李ミョンバク理事長や大学先輩の金ユジン、オ・ジョンソ教授、朴ミョンファン統一外交通商委員長、李富栄ハンナラ党副総裁、ソン・ハッキュ前保健福祉部長官、金ヨンチュン議員など現職議員多数が広津文化院に集まり、金ドンギル教授の講演を聞いた。

講演では、これからは太平洋時代の主役は朝鮮半島が担わなければならないとし、そのためにはこの国の水準の高い民主主義的道徳生活と正しい思考を基盤にした改革と発展、そして生産能力を備えるべきであるというものであった。

私たちは今、絶対的な豊かさと相対的な貧困が混合し、その精神を喪失しているのかもしれない。片側はあまりにも派手やかであり、もう一方は生気を失って久しい。私は金教授の講演を聞きながら、現在の政界や社会、そして国民について憂えざるを得なかった。

金教授との最初の出会いは、私が国会議員だった頃、大邱補欠選挙支援遊説の時である。彼は、私に個人的な関心を示しながら公薦脱落は納得いかないと言ってくれた。そのせいか彼は、講演やラジオなどを通じて時折私のことに触れることがあった。

「みんなはね、金大中の前では一生懸命頑張ります。どうか見守ってくださいと言いますが、柳畯相議員は、金大中がイギリスへ発つとき、行ってらっしゃい、と言ったことが結局、恨みを買って公薦に落ちたケースなんです。ですから実に貴重な人材を無駄にしていると思います」と皮肉った演説をしたりした。

金教授の口から出る比喩や逆説には、誰も太刀打ちできないのである。彼は新しい視点で物事を捉えることのできる人物である。結婚という制度的従属(?)に束縛されない、いわゆる独身貴族としての多角的な視点から物事を見ているからであろうか。とにかく、彼は教授であると同時に江南で国会議員も経験し、かつては故鄭周永氏と共に党の最高委員まで務めた大変な経歴の持ち主である。彼の経歴を静かに眺めていると実に面白い。普通でない人生の中で身につけた格好良さ、凡人には簡単に真似できないさまざまな経験をしている彼は実に魅力的である。それほど頻繁に会えるわけでもないが、今でも彼に対する強力な印象は簡単には消え去らないものである。

時折彼の活動に関するマスコミの報道や親しい議員からの噂を耳にすると、政治家よりは「教授金ドンギル」の方がよく似合うような気がする。

最近、私は李基澤前民主党代表最高議員と何度か共に運動を行った。彼との関係は、高麗大学在学のときから四・一九世代の先輩後輩として、結婚する前から付き合いのあった親密な間柄である。しかし、個人的には非常に親しい仲であったが、政治的には彼と派閥を共にしたことはなかった。

不本意にも京畿道道知事候補のことで仲が険しいときもあったが、長年の付き合いの中でも日常的な話以外、特に政治的な問題に関しては触れたことはなく、ある意味ではそれがかえって二人の仲を気楽で長続きするものにした理由ではないかと思う。傍から彼を見ていると、一般的な他の政治家と著しく異なる感じがするときがある。

裕福な家庭で生まれた彼は、政治の第一線であらゆる誘惑の中に置かれても、金銭的な部分に関して常に自分の立場をわきまえることのできた実に清い人物である。

先日、彼と酒席を共にしたが、その席で彼は、「以前はビールを三〇〇ｃｃぐらいしか飲めなかったが、今は少し量が増えました。私がもし柳最高（彼は私をこう呼んでいた）ほどにお酒が飲めたら韓国の政界は大部変わったと思います。なぜならマスコミの記者と飲むとその場で寝てしまうんです。記事になる内容どころか私の立場に関する弁護もろくにできなくなってしまうからです」と言いながら、韓国の政治の七〇～八〇％以上はマスコミの影響を多大に受けているので、それだけに自分の志を伝えられないことは実に残念だと嘆いた。

「今は、玉石も、老若男女も区分せず、運動するのが好きです。しかし、チャンスがあれば大統領選挙の数カ月前にでも、考え直さなければならないと思っています」

そう言いながら、彼は民主国民党を脱党する意志を見せたこともあった。そして最近になって金ユンファン氏と決別し、それが新聞でも報道された。この頃は、時々運動をしながら健康回復に努めているという。いつか復帰する政治の第一線でも活動的な政治家としての姿を見せてほしいと願っている。

金大中と李基澤氏が野党の共同代表を務めていたとき、かなり根気強く仕事をこなしている彼の姿を目にしたことがある。

金大中の次は自分が後を継ぐとのことを周囲に漏らさなかったら、彼は今ほどに金大中と険悪な関係にはならなかったのではないかと遺憾に思う部分もあるが、彼なりの深い思いがあってのことだと思っている。

私は、ハンナラ党の李会昌総裁との話や李基澤氏との話からして、それぞれ理解しているものが異なるという印象は受けたが、仮に二人が力を合わせたら遥かに強力な力になれるのではないかと思ったりする。

本書の出版にあたり、嬉しいことがあったのでご紹介する。

二〇〇一年十二月十一日午前一〇時三〇分、ソウル高等法院四〇二号室において李基澤氏と彼の支持者たちに会った。(株)ミョンソンの李ジェハク氏から三〇〇〇万ウォンを受け取ったとの理由で二年三カ月に及ぶ控訴審の判決が下される瞬間であった。裁判長の冷静かつ論理的な声が無罪を告げていた。予想通りの結果ではあったが宣告の瞬間、万歳の声と共に李基澤氏の明るい声が聞こえた。

麻浦の小さな食堂へ移動する車の中で感想を尋ねる連合通信の記者に、「今回の事件は、当初政治的事件としてはじまり、それが今日、政治的事件として立証されたのです」とだけ短く語り、この件でいままで苦労してくれた多くの同志や弁護を引き受けた姜スリム、鄭ギホ弁護士への感謝の言葉を忘れなかった。

麻浦の食堂での、午餐挨拶の中で彼は、七選議員を務めた三〇年の間、清く正しい政治を行うと誓った私に大統領冒涜ならともかく不正事件に関わる疑いをかけられた。そのときの心情は言葉にできない。今から再び皆さんと共に考えながら再起したいと政治の志を表明した。これからは公的資金を使い果たした者を探し出し回収しなければならない。政党、政治の必要性を力説し、勇気と度胸ある志士型の政治家が国会に存在したならば政府与党は、ここまで手の付けようのない状態に陥ることはなかっただろうと付け加えた。

その席には、チャン・ギピョ、ホ・テヨル議員、李ジャンヒ、金クッナム、ユ・ソンジンの他、四・一九学生同志の先後輩たちが席を共にし、筆者である私も祝いの言葉を述べ、清く正しい政治家の将来に明るい話題で溢れるように願う有益な会合であった。

政治活動に比例して長く付き合ってきた人物も多い。二〇余年前、民韓党の初選議員だった頃に出会ったユ・ハンヨル前総長は、ハンナラ党の党務委員として頻繁に会う仲である。

彼は、オッケ・ユ・ジンサン先生の遺志を受け継ぐ息子として、党務会議で党内の問題が起こったときには憚ることなく発言し、周囲に衝撃と感動を共に与えていた。

ハンナラ党が執権するにはどうすれば良いかとの質問にユ委員は、「李会昌総裁を中心に力を合わせて党の紀綱を正し、総裁は指導力を発揮し、公約を果たす姿勢を見せることが必須である」と述べ、党の結集力を強調した。

ユ・ハンヨル議員は、今でも趙淳、李基澤、金ユンファン、シン・サンウ議員を四・一三総選挙の公薦から外したことに対し、納得できないとし、政党には実践経験が絶対的に必要であると述べた。金鍾泌や金泳三は大統領選に出るような方ではないので今からでも彼らと良好な関係を維持し、党を去った人に対しても仲間に入れるような寛大さが必要であると述べて言葉を締めくくった。

私は元々人と交わり対話することを好む。政治家、宗教家、芸能人、スポーツ選手、言論人、研究員、そしてホームレス、生活保護者などとさまざまな方の生きざまを見てきた。彼らが生きてきた姿や内容には差はあるものの、生に対する悩みや苦しみを持って、乗り越えようとする姿はみんな同じである。だからこそ私はそのような人間臭い話を聞くのが好きなのである。

以前チルソン派の頭である李ガンファンに関心があって彼に会おうとしたことがある。個人的によく知る仲ではないが、彼のことをよく知っている後輩から間接的な話はたまに聞く。

直接会ってコーヒーを飲んだこともあるが、思ったより体は小さく、腕力を振るうような人には見えなかった。話題も日常的なものであり、言動からは実業家李ガンファンの姿しか見られなかったが、彼が持つ魅力は一体何なのかを考えてみたりもした。

何か事が起きたときでも後輩たちを大事にし、徹底的に周囲との人間関係をうまく保つ人であるそうだ。俗に暴力団と言えば群れをなし、凶器を持ってお金をゆする者を想像しがちであるが、最近の暴力団は合法的な事業体として偽装したりする。いわば犯罪も先進国型の企業化が進んでいるということである。

いま服役中の李氏の罪名も、事実上そのようなものである。暴力団組長としてではなく、韓中合作の原石加工業の副会長としての租税法違反罪である。

第六共和国と文民政府時代、検察は「犯罪との戦争」を通して暴力団幹部を大挙逮捕した。ところが後輩の検察によると、そのとき拘束された彼らが最近になってまとまって出所しはじめ、以前とは異なった形態、すなわち合法的な身分を飾った犯罪を起こしているという。そんなことで、私は彼の話を聞いてみたく刑務所に二度ほど特別面会を申し入れてみたが、特別管理下に置かれているとのことで結局実現できなかった。

先日釜山ワンウォル洞を訪れる前に検察と法務部に問い合わせをしてみたが、願いは聞き入れられず、残念ながら彼に会うことはできなかった。

私たちはみんな新しい出会いの中で生きていく。友人との出会い、両親との出会い、夫婦との出会い、師との出会いなどと、すべてが出会いの中で語り合い、情を分かち合いながら日々を過ごしている。中には良い縁もあれば悪い縁もあるであろう。しかし、袖触り合うも多生の縁との仏の教えに限らず、人生の行路において忘れられない人々との出会いや別れは実にかけがえのないものである。

「人生の真理は出会いである」との言葉通り、素晴らしい人間関係を私は大切にしている。「私たちの出会いは偶然ではない。それは私たちの願いだった。振り返るな、後悔するな」終わりなき人生の出会いの中で、私たちはめぐりめぐる。そのような生き方が人間らしい生き方であるから。だから私は、また李ガンファン氏との特別面会を申請するつもりである。誰と会うにしろ、誰かの心の底に、末久しく「人間柳晙相」の記憶が刻まれることを祈りながら。

私が出会った人々 Ⅱ

最近の政界には、言葉の暴力による風波が強い。私が所属するハンナラ党中央の夏季修練会兼地区党団合大会では、同窓の李ミョンバク議員や女性係りのヤン・ギョンジャ議員など数名を招いて激励会を開いた。ささやかな激励の挨拶を聞いたが、聞くほどの激励辞はなく、もの足りなく感じられ、心穏やかではなかった。
この日には、かつて夫が帰宅する前に放映されることから「退勤時計」とも呼ばれた、ドラマ「砂時計」の実際の主人公であった洪ジュンピョ検事も参加し、「父親にあたるような総裁に対して某議員が悪態をついたりして、そんなことをしていいのでしょうか。私は金大中先生を、大統領に当選後には、金大中大統領閣下と呼んでいます。批判や論争をするときには少なくとも目上の人や相手に対して礼儀を持って臨まなければならないと思います。そんな人間が政治家であるというのは恥ずかしいことです。それだけではありません。最近騒がれている言論各社の脱税と社主に関する問題も、夜九時のニュースや言論界では新聞社を非難していますが、放送各社は脱税していないのですか。つまり、言論や放送は、喧嘩をさせているのです。絶対脱税に目をつぶったり見逃すようなことがあってはなりません。

しかし、ニュースと報道があのような形で内部の葛藤をそそのかして国や国民の心を混乱させています。そのうえ政府は存在価値を喪失し、そのような政府が継続して居座り続けるとすれば国は滅びてしまうでしょう。理念や地域問題は重要ではありません。グローバル化時代である二一世紀に、私たちはいかにして豊かな暮らしをするのかということを考えなければなりません」

一斉に拍手が沸き起こり、あちこちから「そのとおりだ」という声が聞こえてきた。

続いて女性係りのヤン・ギョンジャ再選議員は、「ドラマ『女人天下』では、趙光祖が王の妬みを買い毒殺されてしまいます。善政を行った中宗王ではあったが、常に理にかなった発言をする趙光祖は人気が高く、もしや自分を脅かす存在になるのではとの周囲の噂を聞き、賢い趙光祖を排除したわけです。柳議員はなぜ金大中に切り捨てられたか分かりますか。強い指導力と次世代のリーダーシップにふさわしく、常に理にかなった発言をするからです。とにかく政治の世界も人の顔色を見ながら発言をしなければならないのですから、まったく。だからといって妄言を吐けといっているのではありません。最近、魚屋の恥さらしはイイダコがさせる(愚かな者ほどその仲間にまで恥をかかせること)、誰それが女性に恥をかかせたなどという話があります。

私も再選議員として国会議員を務めてきましたが、公人として親しい仲間たちが集まる席であってもそのようなことは言えません。美しさと幸福を生み出すべき女性国会議員が二五〇〇万の女性を裏切り、私たちに絶望を味わわせたことに胸を痛めています。裏切られたという気持で実に遺憾です」と説得力ある話を続けた。

ある男女が恋に落ち、結婚をしました。ある日、夫の目の異常に気づいた妻は、「私はあなたを知り尽くし結婚したつもりですが、あなたは片方の目のことを隠し続けてきたわ」と夫に正した。すると夫は、「あなたを騙した覚えはない。あなたに初めて会ったとき、あなたに一目惚れしたと告白したではないか」という笑い話ですが、この話から何か思うところはありませんか、と。

それを聞いていた私は苦笑した。われわれの政治の世界でも、耳にかければ耳輪、鼻にかければ鼻輪（解釈の仕様でどうにもいえる）というケースがいかに多いかということを思った。

人間の行動に対し、経済的な市場よりも強い影響を与えるのが世論という市場である。ある芸能人のヘアピンが世論に乗って直ちに売られるという経済的な影響を与えるからである。企業や政府も同じだ。世論に従い、民心に従わなければならないが、現在の政府はそれに逆行しているのである。つまり統治過程の民主化が起こらなければならない。秩序を維持し、国民が望むサービスを提供し、社会が自らの優先順位を設定できる場を作らなければならない。

政府が有能なのか無能なのか、または果たして何を追求すべきかが大変重要である。それがまさに世論を形成するからである。世論はすなわち国の基盤と原動力になるからである。新たな改革が必要である。政府も国家安保も、政治家も、国会も、有権者であるわれわれすべてにとって改革が必要である。

国情院の例にしても同じことがいえる。

先日、オ・ジョンソ前保勲処（日本の省庁）長官と会ったが、彼は元安企部次長を歴任した関係で安保観が徹底している方でもあった。

彼は一九八七年十一月、国連の「軍縮と発展関係」の国際会議では「国家安保とは軍事的目的での利用だけでなく、国家存立や国民生命政策、福祉、そして抑圧からの自由を脅かす政治などすべてものからの防衛を意味する」と定義したとしながら、今のわが国の国家情報院はうまく機能しているとはいえないと述べた。

李会昌総裁の国防安保委員であり、再選議員で四つ星の将軍出身、朴世煥議員もわが国の国家安保体系が崩されていると嘆いた。

「去る六月二日と四日、北朝鮮の船がわが国の領海を侵犯しましたが、わが国の海軍は警告射撃さえできませんでした。乗り組み人数も把握できず、通信による確認だけでした。最近、数百人が西海岸経由で密入国した事実が明らかになりました。そのうちの一〇八人がいまだにわが国のどこにいるのか分からないのです。三面を海に囲まれているが、ろくに監視できないほどわが国の安保体制は崩れている。国防委員として実にもどかしい。今回の領海侵犯事件の際、海軍側と国側が通信した内容をマスコミに発表しましたが、故意に漏洩したということで私の補佐官を逮捕すると騒いでいます。脅迫されているのです。事件発生の一〇日後、国民にも知る必要があるとのことで発表に踏み切ったのですが、国会の某情報機関から民間人を逮捕すると言っているそうです。一体政治も安保も経済も……。一体わが国はどこへ向かっているのでしょうか」

私は、わが国の初代情報委員を歴任した。過去の中央情報部を安企部に改める過程において安企部と言えば人権弾圧という汚名があった。それでも多くの部分において改善され、業務も多様化してきたと思っているが、最近の安風（安保のカゼ）、北風（北朝鮮からのカゼ）、そして総風（選挙のカゼ）というカゼをめぐる事件において本来の設立趣旨とは異なり、政治事件が起こる度に国情院が関与するのは国家発展にとって大きな力になるとは思えないのである。

以前、国会のハンガーストライキの場で、金泳三の代弁人として良く知られている朴鍾雄議員に会ったことがある。彼になぜ断食論争をするのかを聞いたところ、金大中政権が行っている言論社主の取り締まりは、言論の自由を抑圧、弾圧するものであり、批判的言論を抹殺しようとする前触れであるとし、それ以上見過ごすことはできないと言った。政界で解決に乗り出す兆しもなく、自分が所属しているハンナラ党もまた明確な方針を打ち出せずにいたのでこの時期を逃してはならないとの思いから、誰にも相談なしに断食を決意したと言う。

政治家というものは、困難なときに所信を曲げることなく、無から有を創造する決断力と創造力がなければならない。私はそんな所信を見せる朴議員に尊敬の念を表し、帰る途中、彼が最後に口にした言葉を頭の中で何度も繰り返した。

「がんばってください。柳先輩はかつて野党で長い間活動をしてきましたが、思うところあって金大中と別れてご苦労をなさっていますが、そのうちきっと良い機会が訪れるでしょう」

「本当にくるだろうか」と私は疑問に思わずにはいられなかった。

現在のように国家の安保と言論が揺らいでいるとき、安保の概念に合った国家を作り上げるため、また国民的世論に従うためには、政治的に独立した新しい形と役割がなければならない。現代グループの神話のような母校の同級生である李ミョンバク議員の話のように「真の原則を守らなければならない。誠実な政権を選ばなければならない」。

私が出会った人々 Ⅲ

「テーハンミング（大韓民国）チャチャャッチャ　チャチャチャ！」

耳元に慣れた応援の声が聞こえてくる。あちらこちらから、国中がまるで赤い気勢を吐き出すような赤い波がうねっている。

去る六月十三日の地方自治体選挙を目の前にして、私は、ソウル市長、区長、市議員、区議員選挙に熱中していた。

ワールドカップの熱気は次第に大きくなっていたが、職分のせいであろうか、私の方は政治の枠から離れることができないでいる。

六月十三日の選挙を無事に終えた翌日、私はほっとした気分で韓国のワールドカップ最終予選試合である対ポルトガル戦観戦のため仁川に向かった。宿願であるワールドカップ一六強進出を熱望する喚声が仁川文鶴競技場を埋め尽くし、私もいつのまにか『赤い悪魔』となって「テーハンミング」を叫んでいた。

私はそこでわが民族の熱い心臓の鼓動する音を聞いた。世界五位を誇るポルトガルを下した朴智星の痛烈な左足シュートはいまだに脳裏を離れず、溢れんばかりの感動の瞬間として残っている。

ワールドカップという話題がいたるところでひしめく中、私は再びハンナラ党のソウル市地区党委員長で大韓体育会会長を勤めた李チョルソンオリンピック組織委員とともにアメリカ対メキシコ戦を見るため全州競技場に向かった。そこで私は、大勢の赤い悪魔たちが「メキシコ」と叫びながらメキシコの方を応援するのをみた。実にアイロニーな気持ちを消すことはできなかった。

私はその日、FIFAワールドカップ委員長の鄭夢準会長と会った。その日の偶然な配慮で民主の聖地、光州で韓国対スペインの八強試合を見る機会を得た。

李会昌ハンナラ党大統領候補と一緒に観戦したその席で、七年余ぶりに金大中大統領と出会った。

金大統領は、当時四選議員で国民会の指導員であった私を公薦からはずした国民会の総裁であり、今は三人の息子が収賄事件と関係し拘束されている人だ。人生万事塞翁が馬とも言おうか、考えてみれば哀れさえ感じられる微妙な気分のなかで、私は第一党の大統領候補となった李会昌候補を見つめた。

これからは謀略や捏造、争いなどのような旧時代の政治を払拭し、新しい自覚が込められた政治の構図が描かれることを願うのみである。

以前、韓国外国語大学の理事長である洪イルシク博士とリーダーシップについて論じたことがある。リーダーたるものは、道徳的正当性と論理的知性に立ち、自分を支持し、従う人に感動を与え、反発や抵抗勢力を説得し屈服させる一種のカリスマ性と、外勢を排撃せずむしろ積極的に抱擁し、調和を成す力量を発揮しなければならないといった彼の論旨は、私に多くの示唆を与えてくれた。

ワールドカップ競技場で、ハンナラ党李会昌大統領候補と著者

李会昌候補に関しては、彼が持つ新しいリーダーシップと彼特有の親和力が国民とひとつになったとき最高潮に達するだろう。

スペインと八強戦が行われた光州（六・二二）！　二〇年前の民衆抗争の息吹が活きている「民主化の聖地」は、すっかり赤い波でうねっていた。

　私はハンカチを手に絶えず「テーハンミング」を叫び、勝利を願った。両チームは延長戦まで持ち込む熱戦を繰り広げたが、一二〇分間で優劣を分けることはできなかった。息が詰まるようなＰＫ戦、最後のキッカーであった洪明甫が韓国四強進出のゴールを決めた瞬間の笑顔、ヒディンク監督の自信溢れるガッツポーズ、今でも私の記憶の中にありありと残っている。

　そのときはじめて私はヒディンク監督を遠くからではあるが見ることができた。そして大邱での三、四位戦のとき、私は、彼を二回にわたり近くから見ることができた。その日は、李ホング前総理と東亜日報の金ビョンカン会長、朝鮮日報のパン・サンフン会長、金チンヒョン前文化日報社長、呉チョンソ前報勲処長官、張ヨンタル、鄭チンソク、姜スクチャ国会議員、権オギ前統一部長官と会った。まさしく政治家と経済人がひとつになれるサッカーを実感したのである。

　その後の六月三十日、日本のＮＦＣ（日本ファミリーオートーキャンピングクラブ）三〇周年記念式への招待を受け、祝辞を述べるため私は日本に行くことになった。休息を取ったホテルオークラでヒディンク監督と出会い、一緒にバスで決勝戦が行われる競技場へ向

(上) 東京オークラホテルにてヒディンク監督、鄭夢準ＦＩＦＡワールドカップ委員長と

(下) ヒディンクとパートナーエリザベスのサイン

かうことになった。外は韓国の決勝戦進出への挫折を惜しむかのように雨が降っていた。

ある世論調査で、第三党が出現すればそのリーダーに鄭夢準が選ばれるとの内容がある。

人々はそんな彼を、以前よりいっそう寛大で謙遜になったと評している。

ヒディンクは自分の手記で鄭夢準会長を次のように言及している。

「鄭会長は、私が韓国チームの戦力を上昇させるに必要と思われるすべての条件を提供すると約束し、〝目標は優勝！〟と言った」

手記にはそのような彼が気に入ったと書かれており、また、目標は確かなものを立てるべきであり、それは高ければ高いほど良いと鄭会長をほめていた。鄭会長がヒディンクに再任を心から願ったとき、「自分を必要としている人に私は断るほど冷たくはない」と言って悩んでいたのをみると、彼の鄭会長に対する気持ちがよく分かる。

当時、私は鄭会長にこんな話をしたことがある。「一六強から八強に進めば鄭会長の支持率も上がるでしょう」と言ったら、彼は笑いながら「私に対する支持率がですか」と余裕の微笑を見せた。

信頼を持って友情を分かち合ったヒディンクと鄭夢準。二人のパートナーが四位という名誉をわれわれに与え、「赤い悪魔」という巨大な自発的国民組織を引っ張ってくれた。ヒディンクがわが国を離れる前の七月四日には世宗大学、五日には建国大学と西江大学から名誉博士の学位が授けられた。私も自分の選挙区内である建国大学メン・ウォンゼ総長と世宗大学金チョルス総長から招待され、参席し、ヒディンク監督との縁を深めた。

ヒディンクは、精神的な支えであるパートナー、エリザベスと同伴で参席し、黄善洪、李栄杓、玄ヨンミン、柳想鉄など建国大学の選手や参加者からの熱狂的な歓迎の中で名誉博士を受け取った。

彼がいなくなってからの寂しさは残るが、別れの未練を残したまま、よき思い出を胸に古巣に帰った彼の哲学を感じるひと時であった。

私は実にヒディンクに感謝している。

横浜の決勝戦に行ったとき、多くの日本人が韓国の決勝戦進出を切に願っていたことを聞いた。一時期、長期間日本で生活したことがある私にとって、韓国に対する見方が変わったことを感じ取られた。今度こそ韓日両国の間にある深い反日・反韓感情がワールドカップを通して解けると思い、胸が熱くなった。

「韓国は短い時間で私の心をつかんだ。韓国人は最高だ。彼らは純粋で熱情的で、情け深く、熱い国民であった。私は彼らを愛する」ヒディンクが残した言葉である。

「われわれはワールドカップでひとつになった力をここで留めてしまうのか？　ワールドカップは国家のイメージを高める絶好の機会である。しかし歴代の開催国は、大会後の戦略を如何に推進したかによって明暗が分かれた。これから私たちはワールドカップ大会の成功的開催で再考されたコリアというブランドを積極的に活用し、わが国を東北アジアのビジネスや物流の中心地として育てるための方案を本格的に推進しなければならない。何よりも中心国家となる国民には多様な異国文化を認め、受け入れる開放性が必要である。豊かな国と貧しい国の差は結局、人の手にかかっている。中心国家の国民になるためには古い意識を払拭することも必要である。私たちみんなが中心国家の国民にふさわしいこころざしを持ち、それぞれの競争力培養に力を注げば、東北アジア中心地戦略を通じての先進国入りはもっと早くなるに違いない」

韓国貿易協会の金ゼチョル会長が私に力説した言葉である。もっともな話である。ワールドカップ開催によってひとつになった力で何をすべきかということを私たちに教えてくれたありがたい進言である。

私も、わが国民も、赤い悪魔も、ヒディンク、あなたを愛する！　国民に喜びを与えた彼に感謝の喝采を贈りたい。

韓日ワールドカップと韓国政治

「国の政治水準はその国の国民の政治意識に比例する」という言葉がある。その言葉からすれば、韓国国民の政治意識はまだ先進水準に達していないと言わざるを得ない。その理由は、今日の韓国の政治水準は三流そのものであるからである。しかしよくよく考えてみると、わが国民はそれほど遅れていたとは思わない。日帝時代の植民統治に抵抗した偉大さや、軍事独裁に絶えず抵抗してきた歴史がある。そのうえ、最近はＩＭＦ克服のための募金運動まで繰り広げたではないか！　それにもかかわらず選挙になると日頃あまり感じないでいる地域感情がよみがえり、金権選挙がはびこる。世論調査などには人物中心に選ぶと言っておきながら、実際には政党の暴露や法螺の下で健全な批判は姿を隠してしまう。

私は長い間、政治をしながら常にこのような矛盾がなぜ起こるのかを考えてみた。

去る六月の韓日ワールドカップ競技を通じて自分なりにひとつの答えを求めることができた。今回わが国民は老若男女、地域や身分を問わず自発的に一カ所に集まって太極戦士を応援し、「テーハンミング」を叫んだ。

選挙の度に、投票による主権行使をとあれほどキャンペーンを広げても見向きもしなかった若者たちがワールドカップにはみんなが集まった。日ごろ自分の国がいやで移民でもしたいと言っていた人までもである。そして彼らは異口同音に大韓民国に生まれたことを誇りに思うとまで言っている。このように偉大な愛国市民たちがなぜ、地域感情に染まり、金権選挙に巻き込まれ、政党の暴露政治に一喜一憂しているのであろうか。

すべての個々人には健全性と退行性が共存している。よりよい人生のためには自分が持つ健全性を高める半面、退行性を減らしていかなければならない。国民の意識も同じである。政治とは、国民意識の退行的な要素を健全性に変える作業という一面もある。しかし今までの韓国政治は、わが国民の意識の中に面々と流れてきたその健全性までをも踏みにじり、退行性の中で安住してきたのである。言い換えれば政治的なリーダーシップはその機能を発揮しないまま国民の弱点のみを利用し、私利私欲のための道具へと転落したということである。そのゆえ、韓国政治は健全な愛郷心を敵対的な地域感情の方に追いたて、国民の知る権利を根拠のない暴露戦で埋め尽くそうとし、真の愛国心を偏狭な国粋主義的意味へと歪曲してきたのである。

選挙時になると政策は姿を隠し、人身攻撃だけが乱舞し、政策といっても急造された気前のいい言葉だけを並べ立てていた。理念という言葉を口うるさく言いながらも陳腐な左右対立やわけも分からない保守、進歩の言葉のみが乱舞しただけである。このようなことに国民は惑わされ、政治勢力に揺るがされてきたことも事実である。

今度のワールドカップを通じて国民が叫んだ「テーハンミング」という喚声の中には重要な政治的メッセージが隠されている。すなわち、「私たちは純粋そのものである。それを当てにして私たちを利用するな。私たちには何が正しく、何が正しくないかを知っている」という叫びである。このような叫びこそ、地域、血縁、学閥に縛られたわが国民の純粋な情けをそれ以上退行的な意味へと低落させるようなことはできないと宣言したものであろう。

グローバル時代、あらゆる分野の競争の場は地球村へと広がっている。もはや国内一という言葉は意味を持たなくなった。もっぱら世界一のみである。しかし妙なことに政治という属性は、外交問題を別にして、国内というものがその基本的な競争の場にならざるを得ないという限界がある。そのゆえ、政治家たちは「井の中の蛙」式に、わが町の国会議員を選ぶのに相手側を敵のごとく罵り、大統領を選ぶのに相手を反逆者扱いし、国民の弱点を利用して自分たちの権力追求にだけ没頭してきた。軍事独裁を倒すというので後押しした俗に言う民主勢力という政治家たちにしても、結局は権力を振り回して自分の利権のために民主運動をしたに過ぎない。

もはや国民はこのような行為に慣れている。たとえ誹謗にしてもそれが合理的なものであるかどうかは分かっている。そして当人がいくら正しく、清いと叫んでもその言葉が真実であるかどうかも知っている。今回のワールドカップで見たとおり、国民はゴールを決めた選手だけを愛したのではない。黙々と自分のポジションを守った選手により多くの拍手を送ったのである。その結果、グランドの掃除機と呼ばれた「金ナムイル」選手の人気が一番高かったのではないか！　それだけではない。一回も競技に出られなかった選手に対しても励まし、チームのために努力した彼らを高く評価した。そしてヒディンク監督の合理的なリーダーシップに絶えない激励を送った。

たとえ華麗な経歴を持つ政治家であっても無条件に歓迎されるという考えは古い。むしろその華麗な経歴は過去の誤った政治の中で積んだ汚名であることもありうる。いくら新人であっても真に国のために努力する人であれば国民は彼の側に立つであろう。そして自分の過ちを反省し、確実に新しく生まれ変われるのであれば私たちは、彼らを理解し、支持するであろう。

韓国国民は実に純粋である。いくら過ちを犯しても素直にそれを認め、許しを求めればみんなが温かく迎え入れてくれる。

今まで私たちを真に感動させた政治指導者はひとりもいなかった。わが国民は真の指導者やリーダーシップを渇望していた。だから外国人ではあるが、ヒディンク監督をわれわれの英雄として祭り上げたのである。感動に値するような人はわが国には居らず、外国の人に感動させられるとは実にアイロニーな話である。

一言でいって、私たちを感動させるには何をどうすればいいのかという答えを今回のワールドカップは示してくれた。

もはや政治もその競争が地域や国内的な問題で狭まるような時代は去った。韓国政治が世界一にならない限り、経済も、文化も芸術もスポーツも世界一になれない。

サッカー四強、経済四強だけでなく、政治四強の時代を構築していかない限り、私たちは世界から真の一等国民として認識されない。

私は今回のワールドカップを見て政治家としての自分に固い決意をした。「これ以上、浅智恵を働かすのはやめよう」、「黙々と国のために真の奉仕や献身すべきどころを探そう」、「世の隅で、また日が当たらないところにいる困った人々とともにすることが真の政治であり、国のためになる」。今までの政治家はそのようにしたら落選し、誰からも知ってもらわないと思っていた。しかし、ワールドカップ後は変わった。わが国民は誰が国のために必要なのかを知り尽くしている。

しかしひとつの問題がある。いわゆる政治の場という限界性がそれである。言い換えれば既存政党が主導する政治の場に相乗りしなければ政治行動は難しくなるという点である。

ここで私はひとつの提案をしたい。これからは選挙のとき、投票用紙に候補の名前とともに「該当者なし」という欄を設け、「該当者なし」を選んだ人の比率が一定数に達すれば再選挙を行うという選挙法を作ることである。

選挙に出る人はみんな誰も彼も同じだから投票所に出向かない。投票に参加し主権行使をと叫んでばかりいないで、有権者の選択の幅を広げたらどうだろうか。

選挙後の「住民リコール制」まで実施すればより効果的であろう。そうすれば政治家だけでなく各政党も気を取り直すだろう。

今回の韓日ワールドカップを契機にあらゆる分野で新しい風が吹いている。しかしその風は政界では空回りしているからもどかしくて仕方がない。

政治家たちは、いまだにわが国民を見下げているのか、連日暴露戦だけが乱舞している。もはや国民はこのような薄っぺらな謀略に騙されない。真実性を持って素直に国民と接しない限り、その政治家や政党は自滅していくしかない。政治がたとえ少しばかりの感動さえ与えるものなら、わが国民は再び市庁前の広場や光化門通りを埋め尽くし、ワールドカップのときのように「おー！　テーハンミング」を叫ぶだろう。

ヒディンクのリーダーシップに見習い、経済、政治も四強になろう
——縁故や序列を排除した能力本位人選、そして些細な感情による争いの排除

二〇〇二韓日ワールドカップは、韓国民族の底力を世界に示したものとして評価されている。六〇年代までは、スポーツであれ、経済であれ、先進国家との間に越え難い壁が存在していると思っていた。しかしその後、経済成長によって私たちも先進国の仲間入りができるという自負心を抱き始め、またそう信じてきた。しかし先進国入りの入り口で私たちは、ある統一されない社会的雰囲気によって乱れ、過度な自己利益に執着したこともあった。そしてシャンパンを抜くには早すぎるという皮肉な言葉を外国から聞かれ、挙句の果てにはＩＭＦ経済難局にまで立たされた。

わが国民は、自分なりに優れた潜在能力を持っていると信じている。しかし、それを生かし、統一した大きな力量として進めるべき道を見つけることができないでいる。そうし

た中、ワールドカップでヒディンク監督の指導の下、当初の目標と予想をはるかに超えるベスト四を成し遂げた。私たちには遠い道と思われていたサッカー強国が目の前で実現した喜びを味わった。

従来の韓国サッカーは、前半戦は強いが、後半戦になると体力不足で押される競技ばかりしていた。東洋人であるゆえ、体力不足のせいにしていた。しかし今回のわがチームはむしろ技巧より体力の面で西洋選手を圧倒した。実に画期的な成果といえる。サウジがドイツに八対〇で敗れたことに加え、ぶつかる度に倒れるのはサウジ選手の方であったことからにしても、わが選手たちはドイツより伝統的な技において劣り、〇対一で敗れはしたが、体が大きい彼らを相手にして決して劣ることのない体力であった。

ヒディンクの新しいサッカーは、何事であれ世界水準を目標にすればそれに達するということを、私たちに確実に見せてくれた。

その中でも特に、われわれのサッカー強国入りは南米諸国のそれとは異なった意味を持つ。私たちはあらゆる分野で成長し、その分サッカーに多大な支援ができる力を持つようになった。すなわち私たちのサッカー発展はワールドカップ開催の成功とともに国力全般の成長と将来の潜在力を確認する試金石であった。

ヒディンクのサッカー指導法は、専門的な技術はさておき、われわれに大きな教訓として与えてくれたものがある。縁故を徹底的に排除した実力第一主義による選手選抜と、選手間の序列による非能率を除去したことである。

監督はよく、コントロールしやすいからといって自分の出身地や学校の選手を好む。しかも、選抜においても外部からの圧力がある環境では決して優れた選手を選ぶことはできない。選手の間でも先輩と後輩の序列ができた状況の下では、後輩の選手は先輩の選手の前で胸を張ってプレーできない。このような問題の認識や、改革は韓国人でもできると思うが、実践にいたらなかった。しかしヒディンク監督は、それを可能にしたのである。

ヒディンクにとって有利に作用したもうひとつの事柄は、韓国語が話せなかったことによる細かな意思疎通ができなかったことがあげられる。このような事情は、彼によって韓国サッカー関係者との関係を「単純でシンプル」なものにし、サッカー以外のことに神経を使わなくても済むようにしたのである。

考えてみよう。わが社会には、業務的なことを抜きにして、些細な言い争いで物事がうまく運ばなかったことがいかに多いことだろうか。

今私たちには、相手の言葉尻を取ってああだこうだと言い張り、真に重要な事柄を見逃すようなことはやめて、その核心のみを捉え、実行に移すような姿勢が必要である。

ヒディンク監督の縁故排除や序列排除による能力第一主義の人選は、私たちにも十分できるものであり、そうすることで結局は大きな発展をもたらすということを悟った。今、残されたのは実践に移すことのみである。そしてもうひとつ、些細な意思疎通の過程において、感情にはしって物事が駄目になるならば、その習慣も排除しなければならない。

社会のいたるところでこのような慣行が根を降ろすならば経済、政治などあらゆる分野で世界四強になれるに違いない。

私の記憶の中の女性たち

春の暖かい日差しの中、桜の花びらが散る様子を見ながら通りを歩いていると若かった青春の頃が懐かしく思い出されることがある。

高麗大学一年生だった頃、私は白い桜のように明るく微笑むある女性を愛するようになった。

今は映画館やカフェなどが若い男女の出会いの場となっているようだが、そのときは音楽喫茶やローラースケート場のようなところがせいぜいであった。

高校の頃、私は学校の近所のローラースケート場に時々通っていた。その頃、近所の友人達の間でローラースケートが流行っていた。

ある日、友達とスケートをしていて、女の子の笑い声がしたのでそちらへ振り向くと偶然こちらを向いて優しい微笑みの顔に浮かべた女の子と目が合った。彼女はあか抜けた仕草で再び友達との話の輪に戻ったが、私の心はなにかに引きつけられるように彼女の姿だけを追っていた。

私の理想像であった彼女は、映画俳優の「金芝美」に似ており、どこにいても彼女の美貌は人目を引くものであった。私はその日からしばらくの間、学校の授業が終わるともしかして彼女に会えるかもしれないとの期待を胸にローラースケート場に行ったりしたものである。しかし、いつからか彼女の姿は見えなくなってしまっていた。友達を通して彼女のことを聞いてみたが、やはり分からなかった。私は、彼女が光州女子高に通う人気ナンバーワンの女学生であるということ以外、何の情報ももっていなかった。彼女のいないスケート場は、まるでオアシスのない砂漠のようであった。

彼女への片思いも時間の流れと共に次第に忘れ、私は大学生になった。入学直後から民主化闘争に日々を費やしていた私は、国民と国家間の相対的、必然的関係に関して考え悩むようになった。暗い影を落としている政権に向かって政治の真の定義を叫んだ。

そんなある日、かつて夜も眠れぬほどに恋焦がれた例の彼女の消息を聞いたのである。彼女は近所でも噂になるほどの美貌の持ち主であったため、人づてに彼女の居場所を知ることができた。当時彼女は光州道知事の秘書として勤務していた。彼女を待ち続けることに疲れた私は再び勉学に専念した。彼女はきっと貧しい家庭の事情により働きにでなければならなかったのだろうと思った。こうして私は大学生に、彼女は類まれな美貌を生かして道知事室の秘書となったのである。私たちの恋はこうして始まった。美しく輝く黒髪と少女のような瞳を持った彼女と恋に落ちたのである。

私たちは公園を散策したりしながら週末毎にデートを重ねた。彼女の髪が風になびけば私は彼女の髪を撫で、高鳴る胸を押さえながら互いの手に触れ合ったりした。

友たちの間では私のことを「美人の恋人がいる」といってうらやましがっていた。私は最高の恋人を得たという自信から、肩を揺らして闊歩していたものだ。彼女と付き合って三年目に差しかかろうとしていた頃、私たちに別れが訪れた。

これといった理由もなく、誰のせいでもないが、全羅南道道知事の秘書として大物の仕事を補佐していた彼女は、単なる平凡な大学生に過ぎない私に嫌気が差したようである。

私は長い間彷徨した。さまよいながら、人ごみの中でも彼女との思い出に苦しんだ。しかし、私にはしなければならないことがたくさんあった。私を支持してくれる後輩や友達も多くいた。国は混乱し、私たちは猛烈に戦わなければならなかった。私は、自らの心を勉強と政治、そして経済に対する関心に向けることにした。彼女のことはすでに過去の思い出になってしまっていた。思い出は、静かに降り注ぐ雨の如く、私の心の中を流れている。

後に分かったことだが、彼女は江南の飲み屋で勤めていたことやその後は某将軍の後妻になったということを知った。

愛は移り変わるものだといわれる。人との縁は天が決めるものであるという。つらかった記憶を忘れて、私も大学四年の秋の学園祭で運命の人と出会ったのである。そのときの女性が現在の妻である。私の妻は、長い年月を政治家の世話に明け暮れ、体調を崩し、以前のような健康な体ではない。

私が選挙に出馬する度に「夫に尽くす妻」として東奔西走し、支えてくれた永遠なる内助者である。妻は、私が相手政党の憚りない批判で四面楚歌の状況に置かれていても自分から人々を説得してまわり、彼らの支持を引き出してくれた。私はそんな妻を愛し、尊敬している。今まで耐えてくれたこともありがたく、特別な理由なくただ好きだし、心のよりどころとして妻が好きだ。

私は年を取った。年を取って生きて行くこととは、ただ生きて行くことよりも生き残らなければならないことの方が多い。今や何かに熱狂したり興奮したり、どんなことにも胸を熱くし目頭を濡らすような年でもなくなった。しかし、政治に対してだけは誰よりも熱い野望を持っている。それは、今になってやっと政治を広く見渡せるようになったからである。

愛も、失ってみて初めてその深さに気づくものであるように私の政治的後退もさらなる飛躍のためのものであると信じている。そして、その信念は、妻が私に寄せてくれる信頼と同じものである。

私にとって小さな灯火のような女性、今日私は妻のために祈ろう。

世界で最も美しい私の妻へ

私が政治の第一線から脱落した日々によってあなたの平坦だった人生は重くて苦しい日々

を迎えてしまったことは、よく分かっている。

白いアカシアの花が咲き乱れるある日。アカシアの香りを背に向けたまま、私たち四人家族は離れ離れに暮らさなければならない現実において、ただ黙々と私の書斎を片付けていたその後ろ姿を私は痛々しい思いで見ていました。引っ越した家は狭く、多くのものを捨てなければならなかったが、あなたは私たちの思い出がたくさん詰まったどんなに小さなものでさえ捨てるのを惜しがっていたことを私は良く知っています。今日ミサを終え、あなたの健康と家族の平穏を祈りながら急に目頭が熱くなりました。

愛は喜びであり、祝福であり、美しいものであるというが、私が選んだ険しい道のために、あなたをこれほどまでに苦しめてしまいました。若い頃の自慢はあなたでした。

選挙政策委員たちと狭くて冷たい小部屋で寝起きを共にしながら、あちこちを周る間に深刻な病気を抱えてしまっても弱音を吐くことなく、私のために全身全霊を捧げてくれたあなた。

今日私は古びた箱や荷物が重ねて置いてあるところから、涙で語ったあなたへの手紙を見つけました。愛していながらも涙で送らなければならなかった辛い日々。いくら考えても、それは愛！　不可思議な縁というものではなかったでしょうか。

選挙で抱えた借金のために夜も眠れなかったあなたは私のそばで夜を明かしました。二人は特に交わす言葉もなかったが、私はあなたがつらくて苦しい決心をしているのだということが分かっていました。結局私たちは四人家族から三人家族になってしまったが、息子も娘も皆元気で立派に成長してくれたことが何よりも幸せです。

私はあなたに対して実に申し訳ないと思っています。今になって思うのだが、あなたを愛していると言いながら、自分のことだけを考えてしてきたことです。当初は、政治懸案に取り組んでいたため、あなたと向き合う時間がなかったことや、今も地域行政を見渡し、福祉と公益事業普及のため、あなたのことを考える時間も持てないことをあなたは理解してくれます。

黄色く変色してしまったラブレターには、恥ずかしいほどの愛の言葉がそこに生きていました。

人を愛することは、真に美しい神の祝福であるかも知れません。

ただ、日々の生活に埋もれて、愛しているという言葉さえ口にできない心のなさに恥ずかしい思いを感じているところです。これからは、それ以上の苦しみや後悔がないように大事なあなたを守って行こうと思います。これからも私の愛はあなたのものです。心から愛しています。

母への手紙

子供の頃、私の母は、ぐっすりと寝ている私の枕元にやってきていつも静かに目を閉じ、お祈りを捧げてくれた。また、私が風邪やはしかなどにかかると夜通し寝ずにひたすらお祈りと看病をしてくれたのである。当時私たちは六人兄弟であったが、そんな母を見ながら私たちはつねに信仰に囲まれて道理と真理を悟り、正直さと真実を信念にして生きてきたと思う。

母の名前は五福というが、その理由は娘の多い家の五番目だからということでそう命名されたという。しかし、その母も私が小学校六年のとき亡くなり、名前の通り、福の中の福である長寿という福を享受することなく亡くなった。母に福がなかったもう一つの理由は、四〇代から胃の病気を患ってきた父のことである。

父は、家が醸造所を営んでいたことで実にお酒が好きだった。私が子供の頃は、祖父や父がくれる清酒を味も分からないのに水代わりに飲んでしまうほど、私もまたお酒が好きだった。今考えると笑える話だが、きっとこういうことを父子相伝と言うのかもしれない。

母親は、病身の夫の世話をしながらも質素に家計を切り盛りし、財産が増えたのもすべて母の節約精神の賜物である。そんな母は、夫の健康回復を待たずに、また節約に節約を重ねて集めた金を使うこともなく亡くなってしまった。これもまた一つの福を享受できなかったことになるのではないだろうか。さらに無念なことは、最も可愛がってくれた私、「柳晙相」の国会議員姿を母に見せられなかったことである。もちろん、母は子供たちが愛に恵まれ、信仰心を持って誠実に育ったという点で、「五福」という名の通りの福を受けたのかもしれない。

母は毎日弁当を作って小学校まで届けてくれた。比較的に余裕があった家計であったにも関わらず、贅沢をせず、常に子供たちや家族だけを考えており、昔の女性の古典的な母親像そのものであった。

父親は兄を可愛がり、母は私をより可愛がってくれた。朝には生卵にごま油をかけて体に良いと飲ませてくれた。おいしそうな食べ物があると必ず「うちの晙相はどこにいるのかい」といって私を探した。

当時のわが家は大変広くて、部屋数もたくさんあった。親しい従兄弟などはいつも遊びに来ており、常に大勢の人で賑やかであった。食事の時間になると子供たちは、少しでも多く食べようとわざと早くきたりした。昔は家族揃って食事をしたので食事に遅れるとおかずがなくなってご飯に醤油をかけて食べなければならないほどであった。

わが家は、田舎でも裕福で近所でも評判であった。町の入り口から家に着く間、近所の人に挨拶をするだけでも首が痛くなるほどであった。母は常に挨拶と礼儀を教え、その本分をわきまえるようにと厳しくしつけた。そんな母は、私が一二歳になったとき亡くなった。そんな私は、はじめは母の死が信じられず明け方になると、一度も休むことなく早朝祈祷会に出かけていた母が帰ってくるような気がして玄関の外で母の帰りを待ったこともあった。しかし、母は戻ることもなく、一年ほど経った頃継母がやってきた。

父が若い二〇歳半ばの継母と再婚をしたのである。継母はまるで実の母のように慈しんでくれたので私たちは再び落ち着きを取り戻し、すくすくと育った。継母は父親が亡くなったときもまるで自分の身が裂かれるほどに心を痛め悲しんだ。若くしてわが家に来て末っ子である幼い弟ホサンを育ててくれた。継母は、九人の兄弟中ホサンだけが大学に行けなかったことをいつも悔やんでいたようである。

再婚してから、三人の子供が産まれたので私の兄弟は全部で九人になった。大変仲が良く、喧嘩一つしたこともなく、皆仲良く過ごした。継母もまた信仰心の深い人で、今はソウル広城教会で勧士会の会長を務めている。

継母もいつも私たちのために一心に祈りを捧げてくれたのだが、その姿が実に敬虔で美しく、そんな継母を実の母親のように好きである。

実母も夜になると灯かりを点して静かに祈りを捧げていた。そして早朝になると、天井が剥げ、床には筵が敷かれていた小さな教会に通い、ひざまずいてお祈りしていた。祈りとは、胸を震わす喜びが自らの魂を泣かせ、また魂を悟らせる命の声ではないだろうか。

「今日も一日私たちを見守ってくださるお恵みを感謝いたします。家族と共に安らかに休める場をお赦しくださったことを感謝いたします。今日一日を過ごす間、犯した過ちをお赦しくださり、またその過ちに気付かせてください」

そして、六人兄弟の信仰と健康、和合を求めて止まなかった私の母の祈り。

私は四年前にカトリックに改宗したが、同じ神を信じる人間として、週に一度の聖書の勉強のために聖堂に通い、朝夕には同じ願いのために跪きお祈りを捧げている。もちろん、その祈りには美しく大袈裟な修飾語はなく、功績を褒め称える美辞の要求もない。しかし、真心を込めれば願いが通じるように、神は自ら助けるものを助けるという真理を私は常に悟る。だから、私は願いを込めたお祈りは、必ずかなえると信じている。祈りをしなかったときは、まるで食事を抜いたような物足りない飢えた心を振り切ることができないのである。毎日捧げる祈りは、私を支える柱である。私の家族と私たちの平和と安全を守ってくれる見えない力である。それだけでも私の祈りはすでに報いられたと思う。

美しい服よりも楽な服を着て、太く短い指の節々には子供と家族のために献身した跡が残っていた私の母を、私は久しぶりに心で呼んでみた。私の心のどこかに地下水のように流れている私の母を呼びながら、今日も私は祈りを捧げる。

「お母さん。どうぞ安らかにお眠りください」

中庸、競争力、愛

「晙相、走れ」

「あなたが一番だ、一番！」

短距離競争でまた一等を取った。

子供の頃から、一〇〇メートル競争ではいつも一等賞を取った。小さな体のどこにそんな力があるのかと先生や友人たちはいつも不思議がった。だからといって特別に運動神経が良いわけでもなかった。野球やサッカーなどのスポーツに秀いでていたわけでもなかったが、短距離競走だけは必ず一番だった。それはまさに競争心理からくるものであった。私のすぐ横で顔が歪むほどに走っている相手の顔や手が見えると、競争心がむくむくと湧き起こってくるのである。すると私は渾身の力を込めながら、死ぬ思いで走るのである。

野球のようなスポーツは、競争力が非常に微弱である。一人の力で勝てるものではなく、チームの団結力が重要な勝敗の要因となるからである。このように、競争力とは火を点けることで加速するものである。言い換えれば、緊張感を与えてこそ生まれるものだということである。

選挙で相手候補の演説が気になるときがある。一回の演説で得票を左右することもあるからである。そんなときに決まって私は食べ物が喉を通らなくなり、頭がガンガンする。選挙結果を前にして突然めまいがして消化不良を起こしたことがある。気分が悪くなり、近所の薬局から薬を買って飲んだが、数日様子を見ても良くならない。結局病院の世話になったのだが、検査の結果何の異常もないということである。そんなときには、医者は決まって「神経性」という診断を下す。そのうえ決まって、「最近ストレスを受けるようなことはありませんか」である。「気持ちを楽にして過ごしてください」と言う。

外国の本で、四一段階の緊張の度合いによって受けるストレスについて、等級を付けて説明したのを見たことがある。一〇〇点のストレスは配偶者を亡くしたときで、結婚そのものも五〇点、信号違反で切符を切られても一一点のストレスを受けるという。

このように神経を遣って同じ緊張を味わう事柄でも、一方は競争力を与えて優勝に導き、一方では神経性ストレスと胃腸病を起こすというのだから、何事も中庸が良いのかも知れない。

わが地区党の女性同志はよく集まって行政や地区党関連などを議論するが、そのような家庭的な女性に将来のことを聞くと、「平凡に生きたい」と答える女性が多い。平凡に生きることがむしろ難しいのである。平凡に生きることとはどんな生き方だろう。

「平凡」とは、「平均」と似た意味で使われる言葉である。果たして順風満汎で苦労もしないで生きる人はいるだろうか。生きていれば困難の山を越えなければならないことは一度や二度あるだろうし、自分だけが味わう痛みや苦労というものもあるだろう。だから中庸の心を守り抜くことは非常に難しい。心は限りなく絶望の淵に落ち、世の中で自分だけがどん底に陥っているかのような気持ちになることが多い。そのような絶望を克服する道は、心の平静を取り戻すことである。絶望感や惨めさ、あるいは他人との比較からくる劣等感などに打ち勝ち、気を取り直すことがまさに中庸の競争力である。

重要な徳について語る黄チャンギル画伯がいる。黄画伯とは、一九八九年、私が経済科学生委員長を務めていたときに出会った。以来、私を助け、支援し続けてくれている方である。

彼は慶尚北道義城出身で、一九五三年の戦争中、兵営を脱走(軍戦時脱営および連絡書類逃避)した罪で、軍法により無期刑の宣告を受けた。刑務所生活を一九年間も経験し、一九七五年八月十五日に特赦で出所をしたという珍しい経歴の持ち主である。

黄画伯は、彼が常に語る中庸の徳を守り、拘置所の中で描いた東洋画で入選を果たすほどの立派な偉人でもある。彼は私に、自分の成功は常に中庸を守ってきたからであると言った。偏らなければならないことも偏りたくなることも多いが、そのすべてを浄化する心を一つにして物事を見渡すこと、愛を持って見ることであるという。

実に美しい生き方である。愛と情けが溢れる感性を育てながら、それをしっかりと心に抱き、守り、そして培う姿勢を持たなければならないということである。次に、楽しみの中で自分のしたいことをし、新しい自己実現の機会を持たなければならない。家族や社会の幸せのために自分自身を向上させ、成就の喜びをも味わいながら生きようという意味である。そのうえ、自分の家庭や家族はもちろん、社会や民族のために分かち合い、奉仕する積極的な参画が必要である。

社会における運動的、政治的な感覚でなくても自分の立場を基に隣人愛を持たなければならない。幸せで、過食や飲み過ぎの生活をしている中、都市と農村では苦しみと飢えに泣いている人がいるということを認識しなければならない。それが愛の競争力である。

今私たちが住んでいる世の中は、希望と絶望が共存している社会であり、悲観と楽観が混在している社会である。人々の間で利己主義が広まり、次第に貧富の差が広がる現象に拍車がかかるかもしれない。しかし、われわれに望ましい未来や子孫に美しい社会を受け継がせたいと望むのならば、「互いに愛し合うこと」と私は言いたい。仏教であれ、天主教であれ、キリスト教であれ、すべての宗教が主張する偉大な力は愛である。その愛を基盤にして、愛の競争力を備える道こそ、私たちの社会を温かくする道であり、当てもなくさまよう青春を作り出すようなことのない道であるからだ。

このような競争力こそ国を正しく導く力であり、正しい国家競争力を作り上げる力なのではないだろうか。

第七章　君主の道理

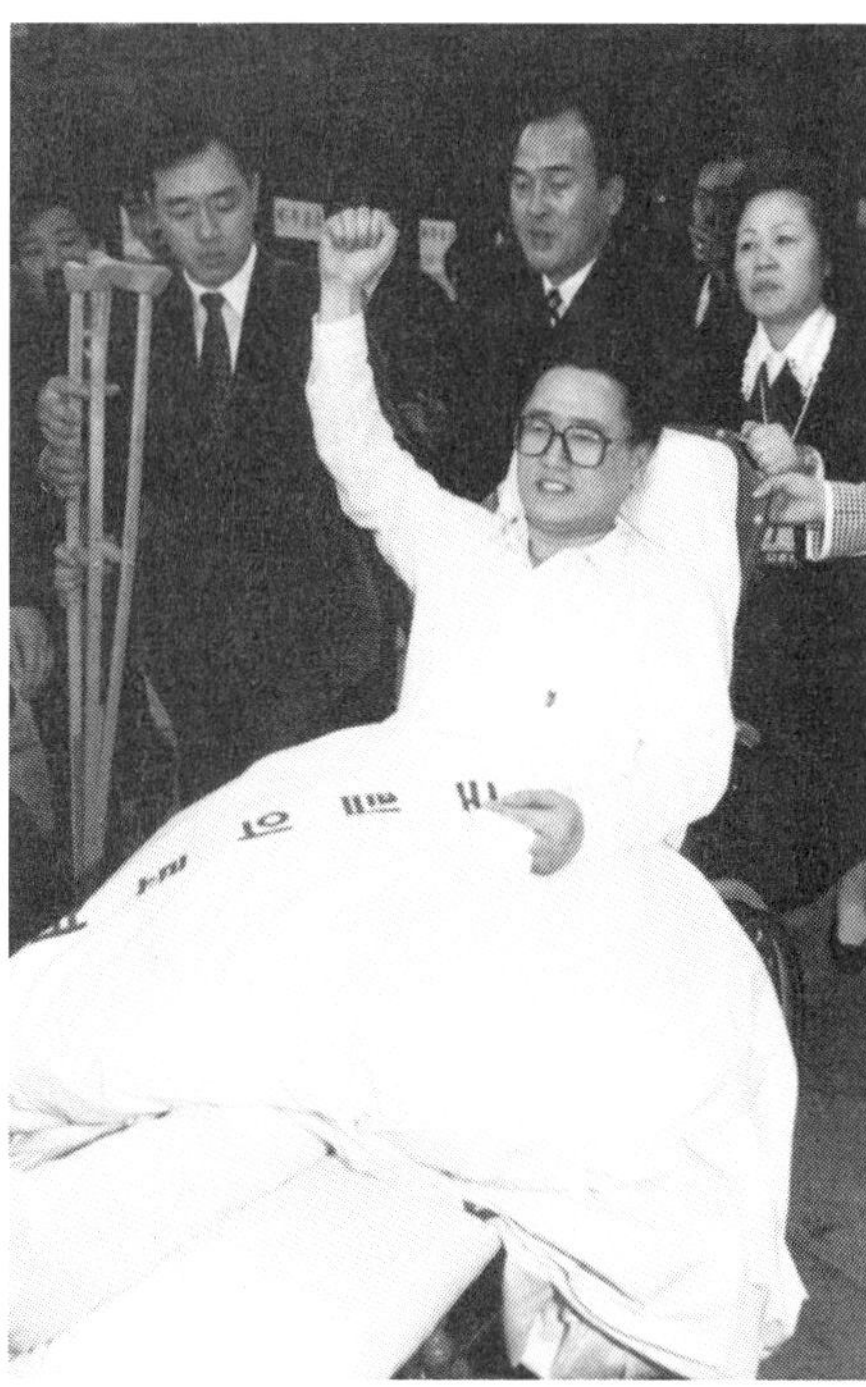

1993年、統合民主党直選最高委員選挙で二位に当選した後、家内金ギョンミと

ベストとワースト

「これからは週休二日制になるのでしょうか」

朝の挨拶をした私の後ろから突然聞こえてきた問いかけであった。意外な質問に首をひねった。私の仕事を手伝ってくれる地区党事務室の鄭デギョ秘書は照れくさそうな表情で笑った。

「君は何を言っているのだ。何かつらいことでもあるのか」

深刻に尋ねる私に、彼は両手を振ってこう言った。

「いいえ。来年から公務員を皮切りに週休二日制を実施すると言っていたのでただ伺ってみただけです」

「そんなことはないだろう。そう簡単にできるものじゃないよ。制度を取り入れるメリットが多ければいいけど」

先日、現代自動車の部品や関連事業の工場を運営している（株）ジンヨン産業の鄭ギルサン社長に会った。

彼は会社を創業した一九七六年から二五年近く中小企業人として生きてきた人である。久しぶりの昼食を共にしながら彼は、事業をする者にとって現在の状況がいかに苦しいものであるかを延々と語った。

「この年で二五、六年近く商売をやってきましたが、これほど事業をするのが難しいとは思いませんでした。明日が予測できないのです。明日の予測さえできないところがここ韓国です。商売をすれば予測もなしに事業計画を立てることはあり得ないのです。ですから商売を続けるのが非常に難しいのです。事業も人生と同じではないですか。昨今の問題じゃありません。一時でも好転しそうな兆しが見えないのですから」

事実上、独裁政権時代には、庶民が保護され、経済人や知識人などのようにある程度裕福な人は被害を被ったが、実際庶民は被害を受けなかったのである程度の予測はできたし、経済的な面でもそれほど心配せずにやっていけたと言った。

「しかし、今はすべてが被害を受けているではありませんか。民主主義は遠ざかってしまいました。交差点を見れば分かります。われ先にと道を譲らないのをみると、そこには民主主義など存在しません」

最近、市民運動の是非を問う論争が法廷で繰り広げられ、新聞を賑わせている。市民連帯とは文字どおり、市民の代表が私たちの代わりに改善を求める事項を訴えたり、過ちを正したりする意思表示を直接的な行動に移す集団のことを指す。ところで、そんな彼らが議論の対象になっているのである。

「デモにしても独立以来ずっと続けられていますが、実際一時たりとも平和的なデモがあった試しはありません。救急患者や緊急を要するときでもデモ隊に道をふさがれてしまうほどです。そのような状況をどのように受け止めれば良いのか分かりません。私たちもデモ文化を変え、先進国型のデモをしなければなりません。市民連帯も必要ですが、どの組織であれ、本来の趣旨を離れてしまえば逆効果が生じます。企業にしても商売を立ち上がらせ、従業員の生活や志気を高めなければならないのに、脱税や従業員の待遇を疎かにしたりしたら企業も企業としての本質的な価値は無くなります。市民団体も純粋な情熱と本来の趣旨を持って忠実なデモを行えばよいのですが、それがひとつの職業になっています。それが悲しいのです。ある飲み屋の話によると、彼らの口を封じるためにお金を握らせるそうです。もしその話が事実であれば、すでに市民連帯の存在価値はないのです。もちろん、ごく少数でしょうが」

鄭社長は、現在社会の営みや世間を騒がせている問題を見過ごさないでいた。

「今回、大統領は週五日制推進を急いでいますが、企業人からすれば年間休日数は五二日ないし五三日です。それに四四時間制ですから土日を休めばそれだけですでに二六日になります。すると休日は七九日になります。それだけでしょうか。通常一七日〜一八日もある祭日や有給休暇、夏休み、創立記念日、女性の生理休暇まで入れると年に一三一日は休むことになります。一年は五〇〇日くらいでもあると思っているのでしょうか」

競争社会である今、三六五日のうち約一三〇日近くを休むと二三〇日しか仕事をしない計算になる。すなわち、二日働いて一日休むということである。アメリカのような国はもちろん週五日勤務を実施している。その代わり、祭日は年に三、四日しかないのである。競争力が物を言う世の中に私たちは悪化の一途を辿るワーストになりつつある。

私がアメリカを訪れたときのことであるが、彼らの祭日感覚は、私たちとはまた違ったものであるという印象を受けた。自分の工場を見学させてくれるというので今日は祭日ではないのかと訪ねたところ、自分たちには関係のない祭日だという答えが返ってきた。今わが国は、多種の無分別によって動かされている。

「世界が仕事をしているときに、資源もない小さな国が仕事しないでいたら一体誰が食わしてくれると思っているのか。実に心配です」

なぜため息が出るのか分からない。最近会う人々皆が、ため息ばかり吐いている。

先日水原のある食堂で食事をしたが、そこは有名だったボクシングのユミョンウ選手がやっている食堂である。壁のあちこちに現役時代のタイトルマッチポスターが貼られていた。ポスターがなければ分からなかったような平凡な中年がカウンターに座り、笑顔で接客していた。

「ボクシングが好きですか、それともこのサービス業が好きですか」

「もちろん私はボクシングに大きな自負心を持っています。しかし最近は、従来のようなプロボクサーの名声が聞こえないのが非常に残念です」

シドニーオリンピックのボクシング解説者を一五回も務めた黄チュンジェ氏は、「一九七〇年代は、貧しい人がハングリー精神でボクシングをしていた。今はプロゴルフやプロバスケットボール、プロ野球に人気を奪われた。ボクシングもかつての名声を回復できれば」と寂しさをあらわにしたりもした。

「しかし、ＬＡやソウルオリンピックで金メダルを取ってきたボクシングも今は最悪の状況に陥っています。事務所一つ運営することもままならず、二〇〇一年九月には、ボクシング選手たちの集まりを通じてボクシング基金のための後援会を作らなければならないほどです」

韓国体育大学三年生のソ・ユンボク君は、中学二年の頃から両親からの反対にもかかわらずボクシングを始め、世界チャンピオンになることを夢見ていたが、ボクシングの熱が冷めてしまった今日、昔と同じような情熱はないという。

第一、ボクシング世界大会を誘致するにしても、今ではスポンサーを探すのは難しく、テレビやマスコミもあまり関心を寄せないからである。かつてわが国は、唐辛子は小さいほど辛いといわれるように、ボクシングにおいても小さな体ながら精神力で世界に名を知られた国であった。しかし最近は、メキシコやアメリカに名声を奪われ、ワーストボクシングになった。もちろん、朴セリや朴賛浩のようなベストゴルファーや野球選手もいるにはいるが。

政治と言論

最近新聞では、「言論社リスト」のことで青瓦台─国税庁─検察の三角調査ラインの嵐が吹いている。

言論改革という大義名分を掲げ、政府が推進している「言論社税務調査」に関する論争が一挙に拡散している実状である。もちろん、本書が出版される頃にはすでに何かしらの結末を迎えているであろうが、厳正な法の裏に隠されたものがあっては決してならないというのが筆者の考えである。また、どんな領域も例外なく透明性や公正性を持ち、今まで聖域とされてきた「マスコミ」に対しても厳正な判断が必要であると考えている。しかし、あくまでも「マスコミを正す」という隠された意図については、野党の立場である私としては疑わざるを得ないことも事実である。

私は去る六月十九日、二一世紀国税行政運用法案というテーマでソウル大学行政大学院の総同窓会が主管する講演を聞くためにプレスセンターを訪ねた。そこで講演者として招待されたアン・ジョンナム国税庁長官と朝食会合で会った。

安国税庁長官は、私が国会議員に初当選したときから面識のある人で、彼は私の選挙区である宝城郡にてボルギョ税務署長を務めたことがあった。また、彼は、私の高校の先輩であり、後に私が財経委員を務めたとき、国税庁の幹部だったため、私たちはお互いの立場を理解し合う関係を持続する先輩後輩の仲でもある。

私たちは頻繁に会い、私が国会議員職を離れているときも同窓会の席で会ったりした。ところで、約一時間二〇分にわたる彼の演説を聞きながら、今まで知っていた先輩の雰囲気と異なっていることに気づいた。実によくまとめられた資料で確信や覇気に満ちた演説であった。やはり地位が人を作ると思わざるを得ないほど、かつて見たことのない彼の姿をそこで目にしたからである。

一市民の立場として彼の言葉から共感したこととは、一九二七年、京城税務署を前身とする七三年の歴史をもつ国税庁というところは、何ひとつ変わったものがないということである。組織や政策にしても何ひとつ変ってないという。「このような状態で二一世紀を迎えることができるのだろうか」と力説し、共感を買った。

地域担当制を廃止し、納税者保護担当制を新設し庶民を保護したことや貧しい人のために法と例規を改めたことなどは正しい政策であり、周囲から賛成の声が聞かれた。部分的で漸進的な改革より、隅々まで行き届いた改革を同時に行うべきであると言った。さらに安長官は、「国税行政に国民が肌で感じられるような行政を行うことで改革の先駆け的な役割を果たします」と力を込めた。

しかし問題は、近頃マスコミ各社に課した約五〇五六億ウォンと言う最大規模の税金追徴額で政府全体が、与党は与党なりに、また野党は野党なりに損益計算や微妙な立場の差を見せているという事実である。

ハンナラ党の朴グァンヨン議員の発言を借りれば、「時期的にも良くなく、方法としても金大中政府が莫大な資金をかけてまで行おうとしているのは、税務調査に反発する言論人に対する言論弾圧であり、究極的に政権の建て直しと野党つぶしの意図」が隠れているという。

その反面、与党の金グンテ最高委員と金ジュングォン代表は、「マスコミ各社に対する税務調査は、民主主義の基本である言論自由の制度的確立のための正当な法執行」であると真っ向から対立した立場にいる。

与野党が「野党叩きの陰謀である」、「改革を阻もうとする本心の現れである」と熾烈な戦いを繰り広げているのも、政治の世界ならでこそ見られる攻防ではないかと思う。

プレスセンターでの講演後、政局を的確に突いた質問が飛び交った。

「安長官は、金大中政権はマスコミ各社の税務調査で政治的な打撃を受けていると思いますか。果たして今回の調査でマスコミの病弊を根絶できたとお考えですか」

質問に対し、安長官は次の見解を述べた。「それは見る視点によって違うと思います。八〇％以上が支持しており、記者たちもすっきりしたと言っています。党論ではありませんが、野党でも結果的に良かったと言っています」

また「私自身の場合も、一九六六年国税庁発足当時、七〇〇億ウォンであった徴収目標額は、二〇〇一年度には二〇〇倍に増加した八八兆五〇〇〇億ウォンとなりました。過剰徴収を行っていたわけです。過去には、事件が起きれば必ず税務の公務員が関連していましたが、最近は、税務職員が関わる事件などありません。仁川のビアホール事件に関しても、誰一人として事件に関連した人はいなかったことを見ればお分かりでしょう。そのくらい今の国税庁は、誰かの圧力によって動かされるようなところではなくなったということです。私は、自らの所信を元にすべての事案を処理しています」

実際のところ、不当を主張するマスコミは追加課税に対する異議申立てをするためには、まず巨額なお金をまず納めてから裁判をしなければならないということである。

現代グループの李ミョンバク氏の話を借りれば、現代は一九九四年に一三六一余億ウォンにのぼる税金請求に対する不当の申し立てで勝訴し一六〇億ウォンを納めて、残りは返金されたという。

このケースを見ると、疑わしいことはすべきではないという教訓にも見て取れる。もちろん、税務調査においては特別な聖域があってはならないが、マスコミが潰れるか政府が潰れるかといった神経戦を繰り広げ、離れていった民心を再び取り戻そうとする政府の困窮した心理もあるように思われ、残念な気持ちである。

野党の委員としての私に主観的な見解や偏った判断がまったくないわけではないが、客観的に評価するならば、金大中による「マスコミの口封じ」は、政局に害を及ぼしているという気持ちが先に立ってしまう。すでに調査は行われ、工作的な政治攻勢か否かは別にして、真の国民の声を聞き入れて確実で公正に執行されることを願うだけである。

数日前、朝鮮日報の柳グンイル論説委員と電話で話をする機会があった。私が平民党の言論対策委員長を務めていたとき、私は金大中と共に彼と何度か対面したことがある。久しぶりに聞く声で懐かしく、互いの近況を尋ね合った。

朝鮮日報での彼の論説を見ると、その鋭い論評は実に興味深い。読み手によってそれぞれ賛否両論はあるだろうが、個人的な見解では彼の視点に同調する立場でもあるので、私たちは長い間いろいろなことについて語り合った。

彼は自分の論説の中で、「先日国立墓地を参拝した李会昌総裁の朴槿恵副総裁に関する話である。すなわち父親朴正煕に対する彼女の考えは自然なものであるが、父に対する評価を要求することはいいが、それを強要してはならない」と意義深く述べている。李総裁が故朴正煕大統領の墓に参拝をしなかったからといって、彼の考えや志を強要してはならないと私は解釈した。

今回の税務調査に関する見解を尋ねたところ、すでに税務調査結果が検察の手に渡っているので姿勢を見守っていると答えた。そして金大中についても、「自分自身が確信に満ち、正しいと思うときには聞く耳を持たない。だから愚を犯し、誤謬を犯すことになるのでしょう」とし、「生きていれば誰しも難関を克服しなければならないときがあるでしょう。柳議員、これからもお元気で、更なる活躍を期待しています」と激励してくれ、電話を切った。

事実上、政治権力というものは、マスコミが存在しなければその維持は難しいものである。

東亜日報の金ビョングァン名誉会長がソウル拘置所を出所し、筆者とある席を共にしたことがあった。そのとき彼は、青瓦台との不気味な関係についてこう話した。

二〇〇一年六月末頃から七月初めに掛けて、三回にわたってＫ大学で大統領学を専攻するＨ教授が訪ねてきたという。そして彼に、「いまの東亜日報の主筆を誰々に代えてください。そうしなければ東亜日報の名誉会長職や学校財団理事長職も勤められなくなる」と言ったのだそうである。

金会長は、おそらく青瓦台のＰ氏の話を伝えてきたのではないかと思った。安女史が亡くなる前の七月初め、脱力状態であった安女史は、夜になると決まってかかってくる奇妙な電話に悩まされていたという。病院に見舞いにきたＨ教授に正したところ、自分がやったことであると告白したそうである。その話をする金会長の目には、固い意志が伺えた。

「妻の死を無駄にしないためにも東亜日報を必ずや育てて見せます。柳議員も私を助け、見守ってください」

金大中が大統領選挙に出たとき、何よりもマスコミや大衆媒体の力が大きかったことを見ても分かるとおり、マスコミは政治にとって永遠に警戒する対象であると同時に出世のための手段でもあった。政治権力を武器にマスコミ関係者を次々と懐柔しただけでなく、名のある言論人や記者を買収し、彼らを通じて圧力を加えたり、影響力を行使したりした。また一部のマスコミは、政治家との関わりを通して「聖域」を作り上げて来たことも事実である。しかし、本書が出版される頃には、国民と検察は白黒を見分けることができるであろうし、明確な結論が出るのではないかと思う。

民主言論と人権を最大限保障するという、金大中の公約が続けて守られるかどうかについてはもう少し見守る必要がある。

恥ずべきこと

誰もが一度は好きな詩を口ずさんだことがあるだろう。

「死ぬ日まで空を仰ぎ、一点の恥なきことを、葉あいにそよぐ風にも、わたしは心痛んだ……」尹東柱の序詩である。少年時代、その詩を覚えてよく口ずさんだのを覚えている。

恥ずかしい事とは何であろうか。

京畿道広州にある予知学院のことで世間を賑わしたとき、作家の金スギョンと事件について話をしながら非常に心を痛めたことがあった。

作家の金スギョンは、娘と同年代であり、私は彼女を養女のように可愛がっている。この間の父の日には、カーネーションの花束を持って事務所に会いに来てくれた。スギョンは時々私の事務室に来て、世の中の出来事を話したり、私が苦手としているインターネットを教えてくれたりする。先日は、歪曲された社会の真実を語り合う中で五月に発生した予知学院で起きた火災事件の話があった。

歪曲された真実や恥辱的な部分は少なくない。あまりに多すぎて列挙しきれないほどである。海外への養子縁組数は世界一、交通事故数でも世界の上位国であるといった悲しい事実など恥ずべき部分は余りにも多い。

「未成年売買」と呼び名が変った援助交際、わずかばかりの金で人を蹂躙し、殺してしまう社会の現状に頭を悩ませているのである。例えば、保険金欲しさに息子の指を切断した事件、テレホンクラブで知り合った一二歳の少女と性関係を持つ援助交際、挙句の果てには、中・小都市を中心に、若い女子学生が風俗業者と直接取引をし、ポケベルに連絡が来れば出かけていって売春をするなどの現象が広まっているという。

「社会だけではありません」

突然興奮したスギョンが言った。

「今問題になっているマスコミ社主による秘密資金造成や数百億ウォンにのぼる横領の事実はどうでしょう。某議員はお酒に酔った気分で、非公式の場ではあるが、他党の総裁をXのような奴と悪態をついたというではありませんか。自分の見解を明らかにするのはいいが、少なくとも政治家と呼ばれる人間が、記者を前に行き過ぎた侮辱発言まで躊躇しないというのは恥ずかしいことであるとしか言いようがありません。毒舌、口舌、妄言がわが国の政界を混沌としたものにしているのです」

実に情けないことである。真実はどこかに隠されているはずだが、歪曲された報道がなされる場合も多い。しかし、私たちに見えるものは氷山の一角であり、その内幕の真実を知ることができないからこそやりきれない思いである。

予知学院事件の本当のことを聞き、胸を痛めた理由もそこにある。

当時マスコミでは、消防士や警察が大挙投入され、やっと鎮火したと報じられたが、惨事を免れた八〇余人の院生は、報道は事実でないという共同声明まで出したという。遅れてやっと現場に着いたときも、防毒マスクと消防服を着た消防士は火災の鎮火よりも建物の外で交通整理をしていたと証言した。もしそれが真実であるならば、死傷者三三人を出した火災の原因は果たしてどこにあるのかを考えないわけにはいかない。迅速な対応や緊密な協力があったならば多くの犠牲者を出さずに済んだだろう。結局、予知学院の生徒と遺族は、出遅れた対応や人命救助に関する問題提起を共同声明という形で発表した。

生徒たちの主観的な判断で多くの消防士が非難されたのではないかという一部の指摘はあるが、鎮火に当った消防士は二人しかいなかったことが明らかになり、人々の心を痛めたのである。

約三五年前から親しい友人である金ウンソ（南海総合開発会長）の義理の弟、金ヨンムン会長という人がいる。彼とはいつでも家族のように虚心坦懐に話をする仲であるが、先日ヒルトンホテルで会った。彼は韓国にアウトドア文化を取り入れた第一人者である。

彼がアメリカに留学していたとき、公園でキャンプを楽しんでいる人々のマナーや現代的施設に非常に感銘を受け、韓国にもこのようなアウトドア文化を取り入れて、余暇生活の質を向上させ、遅れた韓国のアウトドア文化を先導しなければならないと思ったそうである。一九八一年に韓国オートキャンピング連盟という団体を発足させ、一九九三年には大田エキスポ組織委員会から青少年のためのキャンプ場建設の要請を受け、三〇余億ウォンを投入してキャンプ場を建設、運営し、国務総理の表彰を受けた人物である。

現在、韓国アウトドア文化研究所を運営している彼は、韓国にはキャンプに対する正しい認識を持っている公務員や行政関係者は少なく、キャンプ施設や訪れる人々の認識は二〇年遅れているといい、日本や台湾に比べても恥ずかしい状況であると言った。

実に恥ずかしい。私たちは恥辱の危機に陥っている。道徳的危機、観念的危機、無秩序と不正腐敗が横行し、既婚者でもお金持ちであれば付き合うという黄金万能主義が蔓延している。だから恥ずべきことがあまりにも多い。

調査によると、わが国で交通事故による死亡者数は一日平均三〇人、すなわち一時間に一人以上が死んでいるという。これは日本の六・七倍、アメリカの四・一倍である。それだけではない。わが国の恥ずべき自画像の実態は、どこにでもある。結婚のときにかかる費用だけを見てもそうである。経済的に豊かなアメリカよりも四・八倍にもなる結婚費用を出し、見栄を張っている。そのうえ、学校の成績に悩んで自殺する学生は年間三〇〇余人にものぼる。その他、企業の産業災害による事故は英国の二〇倍、日本の一四倍、そしてアメリカの五倍にもなる。

「結婚して子供を産むのも恐ろしいです。以前は、結婚して子供を産み、季節ごとにカーテンの色をどうしようかとか、今日の朝ご飯は何にしようかという素朴な夢を持っていました。今やそのような夢が素朴でなくなったから怖いのです。わが国は素朴で平凡な幸せを手にすることなどできない国になってしまったのではないかと思います」

まだ結婚をしたことのない作家スギョンが口にした言葉である。

世界的なソプラノ歌手、チョ・スミ氏によると、外国で歌うには困ったことが非常に多いという。海外では、わが国をホームレスであふれている国と認識している人が多いという。

外国人は、わが国大韓民国のことを、ホームレスの国、あるいは入養子を多く出す国、またはせいぜいキムチを知っているか知らないかといった程度の認識しか持っていない。この間、韓国の代表的伝統食品であるキムチが世界的な食品としてスイス・ジュネーブの国際食品企画委員会から最終承認されたことを自慢にしている。もちろん嬉しいことである。韓国の食べ物が世界に認められるのだから、一食たりともキムチが欠かせない国としては、嬉しくないはずはない。

私は『日本が嫌いならなぜ日本製品を使うのか』という本を出したことがある。私たちは、ただ何もかも日本が嫌いである。悪口を言いながら「やっぱりメードイン・ジャパンに限る」などと言うほどである。最近は韓国製もそれらしいものが出回るようになったというが、新婚の家に日本製の家電製品がない家はないほどである。

薬には使用説明書があり、製品にも説明書が付いてくる。軍人なら服務規則があるようにどんな職業にしても倫理要綱というものがある。

私たちの人生も同様だ。人生においても規則のようなものが必要である。自分の人生を生きていくうえでの正しい綱領が必要なのである。大韓民国にも指針に恥じないいろいろな声が必要なときである。

若者よ、君主となれ

春秋戦国時代、カンジャは人材育成に関する明言をこう残した。

「一年先のことを考えるなら、穀物を植えるのが良いだろうが、一〇年先の事を考えるなら木を植えなさい。そして未来の価値を考えるなら、人材を育成しなさい」

私が日本を行き来しているときに聞いた話の中に、日本の東芝に関する話がある。東芝の社長は、企業経営のためにアメリカの商業的情報を必要としていたが、それを得るのは簡単ではなかった。当時は主に新聞や雑誌から得る情報ぐらいで、また正確性に欠けていたので企業経営には役に立たなかった。結局、東芝の社長は、長い間考えた末、一つの妙策を思い付いた。社内の有能な職員をアメリカの大学に留学させることであった。卒業後はアメリカから事業への支援をさせるということで彼らはアメリカに渡り、アメリカの商業社会の重要な一員となっていった。こうして東芝は彼らを通じて確固たる情報網を構築することができたのである。だから日本の企業の間では、このような話がよく聞かれるのである。

「即戦力になる人材は、将来役に立たない人材となる可能性もある」

われわれに基本ができていない状況では、春の一時に花咲くような一時的な結果しか得られない。企業もそうであるし、社会もまたしかりである。いわば優秀な人材になるためには、自分自身役に立たない人になってはいけないのである。

この世は社会の頂上に立つ人たちのもののように見えるときがある。疎外された人や社会の裏側に住む人がバカに見えたりする。しかし、私が若者に言いたいことは、「頂上」というものは頭の中にあるということだ。裕福な人がブランド物の服を着ているといってうらやましがったり妬んだりしないで、堂々と開き直ることである。大胆に正面から受け入れ、自分の置かれた環境の中で最も幸せなものを見つけることである。

例えば、芸能人になりたい夢や希望は結構だが、名声やお金にあこがれるならば決して頂上には登れないということである。幸せとは、自分の考え次第である。裕福な人が道端で一〇万ウォンを拾ったとしてもその人の一日が幸せになるはずがない。ただ「今日は運が良いな」という程度のものである。しかし、そのお金を貧しい子供が拾ったとしたらその人生において非常に幸せな記憶として残るかもしれない。すべての人間はそれぞれの人生の深さと同じだけ幸せや不幸を経験している。若者たちよ、価値ある人材になりなさい。

そして他人より裕福な人を妬むようなことがあってはならない。

今や所有よりは共有に重きを置く社会となりつつある。現在の世の中は、そう変化しつつあるのである。例えば、車をレンタルするように、車やビルを所有するということ次第、さしたる意味を持たなくなってきた。裸で生まれて裸で死んで往く。今や自分の能力の範囲内で楽しみ、余裕を持って幸せを追求し、生きていかなければならない。

一〇〇坪の土地を持つ人より二〇〇坪の土地を持つ人の方がより幸せであるということではないのだ。その人の人生の主観と深さに見合った心の余裕を持ち、世の中に役立つ人材となるべく自らを磨き、努力しなければならない。

もちろん、努力には方法も規則もない。しかし、同じく与えられた二四時間をどのように活用するかによって人生は左右されるのである。

江南にある「開かれた障害者福祉協会」を訪ねたときのことである。

一五歳位の少年が、コンピュータの前に座って不自由な手でマウスを握り、踏ん張っていた。その少年は小児麻痺による障害児であった。私はその少年をしばらく眺めてから、話しかけてみた。

「コンピュータ面白い？」

「は～い」少し歪んだ唇で、楽しいと笑顔で答えた。コンピュータが好きで将来はプログラマーになりたいと言った。一時期自暴自棄に陥ったこともあったが、今は幸せと明るい笑顔を浮かべた。彼は私より上手にコンピュータを動かしていた。私は彼のような障害もなく不便のない身であるが、その少年の方がもっとコンピュータに詳しい。まさにそれが差である。

私は明らかに外形的な障害者ではないにもかかわらず、一級障害者よりもコンピュータができない。これがまさに努力と非努力の差である。

不幸と幸福は紙一重なのである。

『私が人生で不幸な理由』

私は不細工である

私は太り過ぎである

私は背が低過ぎる

私は年を取り過ぎた

私は大学を出ていない

私の周りには力になってくれる人がいない
私は頭があまり良くない
私は母子家庭で育った
私は自分のことをこのように考えてきたのでいつも不幸だった
（ジャックケンフィールド、マークビクターハンセン作）

世の中という名の下に立っている君に

愛にもいろいろある。その中でも心の拠り所となり、慰めとなるような愛は、まさに「家族愛」であろう。家族とは、溢れる愛情に囲まれた場所であり、風波なく、暖かい日差しの差し込む森のような場所である。

しかし、最近の若い親を見ると、子供に対する愛情や関心が度を越して、時折「家族愛」がねじまげられたケースを目にするときがある。

小学生の子供の中には、ピアノやテコンドー、算数教室、英語教室、はなはだしくは雄弁教室に通わない子はいないほどである。習い事の少ない子供は家や学校で「一人ぼっち」

となり、いわゆる「いじめ」に遭うのである。

新しい習い事がブームになれば、親たちはこぞって子供たちを通わせることは火を見るよりも明らかである。このようにしばしば愛情が欲に変わるのである。

先日テレビの「海外早期留学、このままでいいのか」という番組で留学に対する特集をやっていた。子供を持つ親は、「不法ででも留学させたい。わが国の教育実状はまったく頼りになりません。留学が無理ならば移民をしてでも行くつもりです」などと声を荒げていた。もちろん、わが国の教育行政に原則や哲学もなく、好き勝手にやってきたことは何も昨今のことではない。長官が代わるたびに教育政策は変更の繰り返し、縮小や歪曲、消滅は数えきれないほどである。

私も政治に関わる人間として、時々教育部のこのような問題に対する認識を解決する「原点行政」を強調したことがある。しかし、問題の本質は、父兄の子供に対する過度な愛情のせいかもしれない。

子を思う親心に異議はないが、行き過ぎた親心によってむしろ子供たちを皆同じ塾に通わせ、同じ生活方式を押し付けるなど画一化させているのかも知れない。

私には今年三〇歳になる娘がいる。世の父親は皆そうであるように、私もまた自分の娘が誰よりも聡明で美しいと思っている。彼女はスマートでプライドも高く、何事にも積極的だからだ。しかし、そんな私に妻は、「余裕があったときに留学にでも行かせたらよかったのに」と、子供に対して抱く後悔の念から不満を漏らす。中央大学の芸術大学院を出た娘は、十分秀才だったのにということだろうが。また、私が現役のうちに娘の結婚相手を探さなかったことに対しても未だに無念に思っている様子である。

ある日娘のジョンへは、付き合っている人に会って欲しいと母に申し出たが、妻はその人の家柄や経済力などを細かく尋ねていた。その日の夜、妻は私の前で目に涙を浮かべながら結婚適齢期を迎えた娘の将来を憂いた。

私が現役の議員だった頃は、娘の見合い相手は列を成すほどであった。しかし、今の私は停車中の身であるせいか、以前のような名声を求めることはできない。政治とはそんなものである。あれほど信義を守り、政治路線に従っても政治勢力の犠牲者になったり、またあれほど追従していた人々も現職から離れると手のひらを返したように背を向ける。それが政治という現実である。

しかし、娘は大変賢い子である。自分の力でやり遂げるという非常に強い面を持っている。もしあのとき結婚していたら、適切な相手を自ら決めることはできなかったはずと堂々と言う。勉学旺盛な父親のように彼女もまた常に学び、自分を磨く人である。また娘は長女として思いやりがあって美しい。

政治をするには、お金がないと難しい。一度選挙に出るには多くの資金が要る。

政治の第一線に立つために家計に多大な負担をかけたときや、中央情報部に連行され苦難を味わっているとき、物心もつかない幼い娘は母親の涙を拭いてあげながら、「お母さん、泣かないで。私が大きくなったらお母さんが泣くようなことはさせないから」と言ったそうだ。公薦候補から脱落したときも娘は母を慰めながら妻の傷心を気遣った。

先日の父母の日には、最近になって疲れやすくなった母のために、自然療法の健康食品を買ってきて夜通し、食べ方や食生活、ダイエットの方法までを細かく丁寧に説明していた。私は、どこにおいても自分の分野において専門家としてのリーダーシップを発揮する娘を信じ、愛している。

私は翌日娘に、交際相手は尊敬できてついて行けるような人柄の持ち主であるかどうかというひとつだけの質問をしたのである。

ユ・ジョンへ、ユ・ジミン、世の中という名の下に立っているわが子のお陰で、生活の節々で吹いてくる恵みの風のように、「家族」に守られ、私は今までつらい政治の世界を歩みながらも恵まれてきたのである。

二〇年前、政治活動のために東奔西走していた。家に帰ると真っ先に迎えてくれたお前たちは、いつのまにか大人の素振りを見せるほどに成長したことに気付いたとき、父としてお前たちにしてあげられることは何であろうかとしみじみ考えたものである。お前たちも自分なりに人生や愛、社会に対する考えを持つようになった今、仕事にだけ専念し、お前たちのために何もしてあげなかったことを常に申し訳ないと思っている。いつかお父さんを理解してくれる日が来ることを祈りながら、お父さんは今まで待ち続けてきたのかもしれない。


愛するわが子たちよ！

お前たちも人生に対してやっと開き始めた目で考えているだろうが、一度与えられた人生は自らが責任を取らなければならない。つまり、誰の助けも、人生の一部にはなってもすべてにはなれないということだ。常により遠いところを見つめ、やりたいことをひとつずつこなして行けるよう人生に対する自覚と共に徹底した準備をすることを願っている。また一人で生きて行ける強靭さを身につけるよう努力しなさい。人生の生き方はいろいろあるが、共通しているのはみんなつらく苦しいものであるということだ。寄ってくる困難を克服し、いつも挫折することなく耐えなさい。

過去の時間という砂原に大きな足跡を残した人は、忍耐と努力の人生であった。私の大切な子よ、親心というものは、子供はいつだって幼く見え、常に側で面倒をみてやることで安心するようなものなのだ。しかし、いつも可愛がるよりも一度の叱咤がときにはお前たちの人生により大きな影響を与えることができるという信念をお父さんは持っている。人は生きるべきところで生き、他人との関係なしには自我成就もないことを覚えておきなさい。共に生きる真の姿こそ、お前たちの姿となるならばそれ以上望むことはない。

愛する子よ、人間の美しさというものは、肉体的なものと精神的なものが合致して判断されるのだ。人間の美しさは簡単に色あせてしまいがちであると同時にまた取り繕うこともできる。しかし、至高の美とは、絶えず変化する中で純粋さを失わないことである。最近の若者は、派手で騒々しい西欧文化をまるで追従すべきものであるかのように思っているようだが、それは実に危険な発想である。私たちの祖先の知恵や汗の結晶としての文化は、テストのための丸暗記の対象となってしまった。そのうえ、わが国の青少年が接する文化の大部分が西欧文化であり、そのため自分自身を失っていながらもそれに気付かないことは大問題である。

固有のものを探し求めず、私たちのものを基盤にしない文化は私たちの敵に過ぎない。

人間とは、愛を持って産まれ、愛し合いながら生き、愛を残して往く生き物である。愛のない社会は無意味な社会であるように、愛が存在しない生は辛いものである。

今やお前たちも愛の持つ意味が分かるような年齢になったので、真の愛の意味について話をしてみたい。親の子に対する愛や恋愛、隣人愛に共通するものは、辛いときこそ側にいてあげる愛である。自己犠牲を伴わない愛は、結局愛と言わないからだ。付け加えると、愛は理解がなければならず、愛しているからこそ誰にでも適切なアドバイスができるのだということを覚えておきなさい。

お父さんは常にお前たちの側にいるし、またそうしたいと思っている。

どんな辛いことがあっても私の心は常にオープンであるし、お前たちは私の開かれた心の扉からいつでも入って来ることができる。私はお前たちの気楽な相談相手になれることが小さな希望であり、お前たちもそう思ってくれることを願っている。

最後に伝えたいことは、お前たちに対する希望と願いがこれだけ多いのは、それだけお父さんがお前たちを愛しているからであり、信じているからだということである。


（二〇〇一年十二月二十四日）

第八章　非常口はある

九老雇用相談所で労働者たちと

墜落は飛翔の第一歩

久々に早い時間に帰宅の途中、梨泰院の地下車道を歩いた。私よりも少し若く見える一人の男性が、父親らしき年齢の老人の肩に手をつけて地下階段を降りているのが見えた。左手は、世の中の苦難を背負って年老いた父親の肩の上に置き、右手は長い杖で行く先を探りながら、黒いサングラスをかけたその男は注意深く地下道を降りていた。

生きていると、誰かの手助けなしには一瞬たりとも生きては行けない人に会うことがある。食事をするにも誰かの手を借りなければならない人たち。私たちはそんな彼らにしばしば接しながら気軽に手を差し伸べることができずにいる。不自由な身になる人は限られているわけではない。しかもずっと健康でいられるといういかなる保証もない。しかし私たちは、常に自分たちとどこか違っていたり、仕草が違うとまず一線を置いて接しようとする。

人権をもっとも重視するアメリカでは、正常な人を「一時的に有能な人（temporary able-bodies)」とし、「第三の障害者（third-party handicapped)」と呼んでいる。今健康であることは、一時的に過ぎず、行く先を予測することはできないからである。先日、多くのファンを熱狂させた某グループのダンス歌手も交通事故で半身不随となり、障害者の認定を受けたのではないか。

ある日、某スポーツ新聞にこんな記事が掲載された。「歌手姜某氏、障害認定受ける」彼は退院後、過度のうつ病に悩まされていると言う。社会が自分の変わり果てた姿を受け入れてくれるだろうかという極度の不安感からである。

私たちは、障害はただ体が不自由なだけであってそれほど大変なことではないと簡単に言う。社会はそう言いながら彼らを冷遇してきた。それが現実である。

アメリカのブッシュ大統領は、就任後まもなく「ニューフリーダムイニシアティブ(New Freedom Initiative)」という障害者政策を打ち出した。いわば「新しい自由の創始」である。障害があってもそれを障害と感じさせないような社会を作る理念である。私たちは障害者となったあの芸能人に気の毒だと同情する。未だにわれわれの社会では「新しい自由」の意味が許容できずにいる。障害児は「いじめ」のターゲットになる。なぜ、一体いつから、いやいつまでわれわれの社会が「貧しさと障害」のような持たざる人々が住みにくい社会であり続けるのか、私は胸が締めつけられる思いである。

「柳議員の現在の状態は、足の骨が折れ、腰骨にも異常があるようです。また脊髄を損傷していますのでしばらく様子を見なければなりません」

一〇余年前、交通事故のときに主治医から聞いた言葉である。

私が中学生のとき、車がスリップして横転し、横に乗っていた三代続いた一人っ子は死亡し、私も重傷を負ったことがあった。そのときも二〇日程入院したのだが、幸いにも命に別状はなかったので次第に怪我のことも忘れて年を取ってしまった。ところが一〇余年前、政治の第一線にいるとき、私は再び回復できないほどの大きな事故に遭ってしまった。痛む体を引き摺ってでも選挙遊説をしたということで新聞に大袈裟に載ったこともあったが、私は長期間病院に入院しなければならなかった。

私が開かれた情報障害者協会の常任顧問を務めることになったのも、そのときの経験からである。そのとき初めて私は体の不自由さと障害に対して深く考えるようになり、また特別な愛情を持つようになった。今でも妻は私のことを「天気予報」という。曇りや雨のときには私の体が反応するからである。体の節々が疼き、何も手につかなくなるのである。

ある日、開かれた情報障害者協会の江南支部長を務める金ジョンウン支部長が電話でこう言った。

「今日も天気がうっとうしいので体調が悪いのではないでしょうか。それでもその苦痛が分かるから障害者のことを気にかけてくれているのではありませんか。失うものがあれば得るものもあります。すべてうまく行きますよ。どうか元気を出してください」

彼はいつも私に元気を与えてくれる弟分である。私の苦しいときを見てきているため、いつも側で私を励ましてくれるのである。

先日、「心をひとつに開かれた大祝祭」という障害者協会が主管した障害者体育大会が子供会館のレインボーホールで開かれたが、私はその大会で二三年前から面識のあった肢体障害者協会会長のチャン・ギチョル氏と会った。

私が野党の政策議長を務めているとき、彼は私に、障害者に関する政策を作るにあたりさまざまな意見を寄せてくれた人である。彼が率いる障害者団体は、わが国の障害者をそれぞれ収容する一三の協会の中で最も大きな障害者協会である。

そんな彼は私に、「私はですね。自らが障害者として、いわゆる障害者出身の大統領を送り出すために必死で力を注いできたのです。結局障害者出身の大統領は誕生したのですが、官職はとんでもない奴等が握って、私たちはいつもそうして来たように、影から黙々と支えるしかなかったのです。柳議員にはその心情を理解できないかもしれません」と言った。

過酷な政治的拷問によって体が不自由になった金大中のことを指して言っているのである。わが国の障害者政策は、二〇年前よりは進歩したことは確かであるが、どれほど不備であるかは隣の日本を見ても明らかである。日本には障害者専用のタクシーまである。彼らは障害者が生きる意欲を持ち、不自由なく生活できるよう制度やシステムを常に改善している。わが国の障害者関連福祉施設は、水の流れない池のようにそのままの状態であり続け、水は悪臭を放ち、腐りつつある。

これからは認識を変えていかねばならない。

今までは障害者の基準を主に肢体的欠陥や知的欠陥の程度を持って評価してきたが、最近は社会が変わりつつある。

障害者には、自分に足りない部分を補おうとする集中力は素晴らしいものがある。私は肢体障害者と卓球をしたことがあるが、片方の腕が使えないにも関わらず、体全体で上手にバランスを取りながら私に勝つのである。そのとき、私は障害者の集中力の強さを思い知る。

最近では、障害者のプログラマーやコンピュータの専門家が増えている。障害者の能力は、外の職種にもますます拡大しつつある。文字通りの障害者人権宣言が守られるようになる日もそう遠くないだろう。墜落は飛翔の第一歩であるように。

障害者は、人間の尊厳性と価値を持っており、幸福を追求する権利を有する。

障害者は、障害を理由にして政治・経済・社会・教育および文化生活のすべてにおいて差別を受けない。

障害者は、人間らしい生活を営むことができるよう所得、住居、医療および社会福祉サービスなどの保証を受ける権利を有する。

障害者は、他のすべての人々と同等な市民権と政治的権利を有する。

障害者は、自分の能力を開発するために障害類型と程度によって必要な教育を受ける権利を有する。

障害者は、能力によって職業を選択し、それに対し正当な報酬を受ける権利を有し、就職が困難な障害者は国家の特別な支援を受けて仕事をし、人間らしい生活を保証される権利を有する。

障害者は、文化、芸術、体育および余暇活動に参加する権利を有する。

障害者は、社会から分離、虐待および蔑視を受けない権利を有し、誰でも障害者を利用して不当な利益を得てはならない。

(『障害者の人権憲章』より一部抜粋)

私たちが変わらなければならないのです

「柳議員は、本当に変りましたよ。昔は正直言って、あまりにも真っ直ぐな性分がそのまま顔に出ていて気軽に声をかけられる感じではありませんでしたから。ところが今は、表情が実に柔和になられました」

先日、地区党女性同志の金グムウク会長が食事中に語った言葉である。

私は、白か黒かをはっきりさせる人間であった。正しいのは正しい、間違っているものは間違っているというタイプであった。しかし、どん底の生活を初めて味わってみて、上から指示を下すことと、下でそれを受けて行動に移す人の立場に格段の差があることを切実に感じた。すなわち、庶民の苦労が少しずつ分かるようになり、是々非々が明確であった私も譲り合うことやたとえ間違った事案であっても寛大に受け入れるようになった。また私は一日三回のお祈りで心の平静を保ち、自らを振り返って見たりしている。

「お、誰かと思ったら。ずいぶん変わりましたね」

久しぶりに会う友人とこのような挨拶を交わしたりする。世の中は変化をする。年を取れば髪は白くなり、年月が経てばそれだけ落ち着きも生まれる。世の中すべての物事が摂理にしたがって移り変わるにもかかわらず、変わらないものがいくつかある。それは政治と行政、そして不正腐敗である。世の中が進んだり年を取ったりと変わって行くのに、まったく変わらずにいる政治的懸案や不正腐敗は、われわれの心を苦しめるものである。

徹底した計算の基で行う政治的策略とでも言おうか、私はこのような懸案に常に胸を痛めている。だから私は、例の言論社の脱税問題が取り沙汰されたとき、時期が適切なやり方であったか、また調べは公正に行われているのかと疑わしく感じたりもした。どのような事柄においても聖域があってはならない。どんな事柄でも政治的強者に振り回される犠牲者になってはならないと思うからである。

朝鮮日報のパン・サンフン会長は、私とはそれほど親しい間柄ではないが、彼が逮捕収監されたとき、李チョルスン先生と面会に行ったことがある。

そのとき会ったパン会長は、やはり大物らしく余裕のある姿を見せた。刑務所に入ってから初めて感じたことは、旧約聖書を読む機会を持ったことや子供たちが日々成長しているとのことであった。

八二日間の収監生活を終えた日、面会に来た人々宛に自分の志を書き記した手紙を送ったという。

「三カ月に近い収監生活を終え、去る十一月六日に保釈され、こうしてご挨拶を申し上げる次第でございます。収監生活は、私にとって試練ばかりではありませんでした。自分の過去や朝鮮日報の昨今、未来そしてマスコミと権力関係についていろいろと多くのことを考えてみることができました。そして言論の自由とは、守るに値する貴重なものであることを改めて悟りました。釈放された日、私は朝鮮日報の社友に対して、今や誰も私たちから言論の自由を奪うことはできないと言いました。

これからはマスコミ自らが真の言論改革ができるよう尽力する所存です」

パン会長は、面会に来てくれた一人一人に電話で出所の所感と感謝の言葉を伝えた。

本当に変わらねばならない過った懸案は山積しているが、事態は常に逆方向に流れているのを最近つくづく感じる。

かつて私は、行政の民主化と効率的な発展のために地方自治制の実施を強力に推進してきた。行政改革を訴え九日間の断食闘争もした。

その後、「小さな政府」を標榜して地方自治制は実施され、地方自治体の行政が始まったのである。一部不満の声も上がったが、私は否定的な評価よりも肯定的な変化を渇望していたし、国民の不満の声も時間の流れと共に落ち着くだろうと思っていた。しかし、一部自覚のない議員の贅沢な外国旅行公費流用問題や小利権への介入、行政処理の遅延などで結局、地方議会は、地域生活への寄与よりも国民の税金を搾取している団体として認識されたりもした。

自治体が今のような形で運営されて良いものだろうか。身近な実例として、ワールドカップを見てもそうである。

わが国でのワールドカップの盛り上がりは、日本に比べて非常に薄いように見受けられる。日本の場合、一年前から広告マーケティング会社が専門的に受持って広告やワールドカップ関連商品などを市場に出しており、関連のイベントとして数多くのブーム助成を行っている。反面、わが国ではＦＩＦＡの多国籍スポーツマーケティング企業であるＩＳＬ社の倒産により、業務の遂行と処理が順調に行われていない状況である。

ワールドカップはオリンピックと違って中央集権的な大会ではなく、地方分権的な行事である。その理由は、各市や道の球場で行われるからである。だから地方自治体と中央政府が力と志を結集し、市民参与を促さなければならない。しかし、市民参与をもたらすいかなる対策も講じていない現状に私はつい声を荒げ、苛立ってしまうのである。これらすべてが地方行政の問題として如実に表れているところに遺憾な思いを禁じ得ないのである。

私は、高建ソウル市長と会うためにソウル市を訪れたことがある。そのとき高市長は、

「二〇〇二年のワールドカップ大会を成功させるためには、市民参与事業を活性化させ、推進する必要がありますが、ソウル市の公務員は動いてくれません。私も落書きロードや競技場座席への記名、家族写真などと提案しましたが、結局議論の末却下されてしまい、実に残念です」

行政に情熱を見せる高市長の言葉からも伺えるように、正しいと思っても直ちに実行に移すことができないのが行政であり政治なのである。

「それでも最後まで諦めないでください。日本はすでに準備を進めています。これは市民参与の熱気を煽ることができず、秩序を作り出し、アイデア商品を生み出すことができないのはわれわれの落ち度ではありませんか。それぞれの地域や自治団体に合わせて新しいコンセプトで行わなければならないのに事なかれ主義の思考に陥り、事故さえなければいいというような考えから脱しなければなりません」

その後も蔚山、光州、大田の市長に会って同じ話をしてみたが、多少の違いはあるもののどこも同じ行政実態であったことに腹が立った。

マスコミやワールドカップ連盟などでは、ワールドカップ大会がもたらすシナジー効果を過度に強調している。

何よりもまず、メディア的な価値が大変大きなワールドカップサッカーの開催は、わが国はもちろん、企業の広報を極大化させ、国際的位相を高めるという。さらに、競技が各地域に分散して開催されることによる地域経済の活性化や地域均衡の発展を促し、地方自治団体の力量を強化する契機となると声高に主張している。地方の開放化やグローバルマインドの高揚にも大きく寄与するであろうと言っている。騒ぎ立てるのは簡単である。

「サッカーは単一種目の競技ですが、サッカーに対する世界的関心度はオリンピックを越えていますので世界的な関心が集中するでしょう。それに伴う雇用創出も更に進む見通しです」

このような好チャンスをわれわれはなぜ手放しているのか。人類の大祭典で全世界が注目しているにも拘わらず、このような責任回避の行政がわれわれを苛立たせている。私は五～六の都市の市議会議長と直接会っているが、市議会で決定を下さなければならない事案を、俗に言う自分たちに実質的な利益がないという理由からと後回しにしていることが多いということである。

短期間で済むことでさえ上で先送りにし、下の人間は積極的に取り組めない状況で、結局二、三年もかかってしまうことが一つや二つではないのである。変われと言っても変わらないのが旧態依然とした行政であり、事なかれ主義である。彼らは年末になると議会報告だといってお茶会を開いたり、老人ホームの祝宴会で表彰状を授与したり、環境や障害者、緑の母などと目に見えない鎖で彼らを縛り付けて、結局政治と選挙につながっている。だから新進の政治家は、中に入りたくても入り込む事ができないのである。

機会を生かすのか自らが危機を招くのかはすべて私たちにかかっている。ＩＭＦのイメージから脱皮する機会だと言うが、裸の状態で日本と比較されることは避けられないこの大きなイベントを、私たちは生かすことができないでいる。私たちは変わらなければならない。

かつてヨーロッパで唯一の後進国であったスペインは、一九八二年スペインで行われたワールドカップによって国民と政府は新しく生まれ変わった。彼らは「スペインは変わりつつあり、すでに生まれ変わった」というキャッチフレーズを掲げ、ワールドカップを通じて生まれ変わろうと試みた。ワールドカップ開催まであと残りわずかである。どの階層もいかなる部類の人にも犠牲と奉仕を強要してはならない。まずわが国の政府や地方自治団体、そして政界が思考と行動の優先順位を「ワールドカップ」という大きな祭典に照準を合わせることである。そういうことこそ、われわれが再び生まれ変わることのできる道であるからである。

国民を動かすなら、望むものを与えよ

いつかこのような話を聞いたことがある。

韓国人は、二人集まれば新政党を創り、三人集まれば戦争を起こすという実に恥ずかしい話である。考えてみると、政党間の不必要な論争がいわゆる民主化を遅らせる原因であるとも言えるかもしれない。亡国病である地域感情を掲げて未だに妄想に心を奪われている人たちを見ると、実に痛嘆せずにはいられない。名ばかりの議員は、われもわれもと地域政党の話にばかり刃を向け、卑怯な地域論争を繰り広げている姿を見ると、同じ政治家として恥ずかしいばかりである。そんなわが国は果たしてまともな民主主義の国なのだろ

うか。

本来民主主義とは二つの姿を持っている。朴正熙政権のように孤立した環境と保守体制から生じる上からの民主化がその一例である。それは、危機的状況での権威主義体制を固守しようとする執権層である確率が高く、革命やクーデターのようなもので実現される場合が多い。

面白くない話かも知れないが、このような場合、革命を起こした反政府勢力の力は絶対的な場合が多い。私たちが毎朝、故朴正熙大統領の写真に御辞儀をさせられたことからも明らかである。このように過激な形で作り上げた民主化は、実に曖昧である。強圧的であるからだ。

先日、ハンナラ党の李会昌総裁が故朴正熙大統領の墓地に参拝をしなかったことで、ハンナラ党の朴槿恵副総裁は遺憾であるなどと言ったそうであるが、過去の大統領に対する評価は、国民に任せることではないかと思う。

民主化のもうひとつ側面は、すなわち下からの民主化であるが、これこそが私たちが目指すべき民主化である。国民一人ひとりの力を結集して独立を実現したアメリカのように、それがまさに自由の民主である。国民自らが創り出す自由民主主義！

最近はテレビを見ても新聞を開いても暗いニュースばかりである。明るく希望に溢れるニュースを目を凝らして探してみてもまるで干し草の中で針を探すようなものである。どうしてこんな状態になってしまったのだろうか。はじめから間違った民主化だったからなのだろうか。

人々はいつからか企業を潰した経済人を憎むより政治家を憎むようになった。

「陽は東から昇る」という歴史の大原則や朝鮮半島が新しく台頭する太平洋時代の主役を担わなければならないといった話は、ただマスコミや教育のための作り話に転落して久しい。

わが国の国民がやっとの思いで飢餓の恐怖と苦しみから抜け出したのは、せいぜい一九六〇年代後半か一九七〇年代初めからではないか。その以前は、今の子供たちに聞いても古い辞書でも出して探さなければならないような「春窮」を毎年経験してきたのではないか。

家の前の裸同様の丘の裾には、まだ黄色い芝生だけしか生えておらず、いつ誰と会っても食料不足で空かした腹を抱えてひもじい思いをしていた記憶はつい最近のことだ。そんな月日を過ごしてきたわれわれが、今やっとＧＮＰが先進国水準になったということで、海外に出ては恥をかくようなことばかりしている。そんな世間知らずの国民や政府で溢れているのだから、この国は「世間知らずの民主主義」でなくて何なのだろうか。やりきれない思いでいっぱいである。

国民を動かそうとするならば、彼らが望むものを与えなければならない。冷たいものを欲しがっている子供に熱いものを与えれば子供は泣き出してしまうだろう。政府は国民が真に望んでいるものは何なのかということに気づくべき時が来ている。もちろん、情緒的な側面では、かゆいところに手が届くような事はあった。南北頂上会談や離散家族の再会がそれであろう。

朝鮮半島の七〇〇〇万にもなる民族はもちろん、全世界の目と耳が平壌とソウルの行方に集中した。わが国をはじめ全世界のテレビ局やマスコミが、こぞって南北首脳会談のニュースと離散家族の面会の模様を連日流していた。そのときは、誰一人として不平を洩らす人はいなかった。南北首脳会談の話ばかりして、ドラマやショーなども放送しろといった不満の電話をテレビ局にいう人もいなかった。

結局こういうことである。飯を食べなくても満腹に感じ、酒を飲まなくても上機嫌になるような気持ちこそ私たちが望んでいるものである。そのようなことに疑問や弱みがなかったわけではないが、私たちはその程度の成果で喜びを感じるのだから最近のように苦しいときこそ、頻繁に行われれば良いと思う。

過ぐる夏、旱魃で、農村に揚水機を送る募金をするとか農村を救おうと大騒ぎになったことがあった。ソウルや都心ではその実感が湧かなかった。

水道の蛇口を捻れば水は溢れるほど流れ、水のために不便を被ることはなかった。

ある日、娘は夕食のとき私にこんなことを言った。

友達の中に教師が一人いるが、娘がその友達の車に乗ろうとしたところ、あまりにも汚いので洗車をしたらというと、その友達は水不足で農村が苦しんでいるときに、まさか洗車など申し訳なくてできないと言ったそうである。その日、娘はその話をしながら何かに気付いた様子であった。私もまた、そのような若者がいる限り、この国も捨てたものではないと思った。

私たちもこのようにして立ち上がらなければならない。いまは、ＩＭＦよりもさらに厳しい経済状況によって富めるものはさらに裕福に、貧しいものはさらに貧しくなる現象が積み重なり、国の政治が崖っ淵に向かっているように見える現時点では、果たして私たちが望むものと政府が与えられる最善の妥協点はどのようなものであるかを互いに見落としてはならない。

先日テレビを見ていたら、青瓦台の芝生で二匹の豊山犬が遊んでいた。青瓦台では、北からやって来たこの二匹の豊山犬を「ウリ（私たち）」と「トゥリ」と名づけ、北朝鮮ではこちらから送った珍道犬二匹に「ピョンファ（平和）」と「トンイル（統一）」と命名したと、お互いに知らせ会う暖かい話を懐かしく思う。笑い話だが、犬の方が人間より良いのではないかと思ったりする。

ようやく降った恵みの雨にみんなが喜んだのもつかの間、雨のために二人が死んだというニュースに接すると例年の梅雨とその時期に起こる事態が頭を走馬灯のように駆け抜ける。毎年、災害に備える名目で十分な予算を組んでおいたはずなのに、いざ梅雨が始まると山崩れは起こり、田は水に浸かり、家は壊れ、農村の善良な人々は悲壮な声を上げる。このような現状を見ると、実に犬の成り上がりという言葉は的を得ていると思う。北朝鮮に送られた珍道犬や青瓦台にやってきた豊山犬は、ＶＩＰ扱いされているだろうからである。犬の成り上がり、実に皮肉な言葉ではないか。

真に私が訴えたいこと

一流か二流か、われわれはそんなことに縛られて生きている。一流大学を出たか出なかったかによってその人の性品まで判断してしまったりする。

今は動物も複製される時代である。恐ろしい話であるが、人間のＤＮＡまでも複製できるような世の中になった。複製人間が誕生する時代がもしくるとしたら、人間の欲深さから優性因子のみを複製する日が来るかもしれない。綺麗な外貌や明晰な頭脳、丈夫な体。将来そのような世界がやって来るとしたら地獄のような恐ろしい世の中となるであろう。世界中を見渡しても完璧な人間だけしか存在しないとすれば、「肥やしの中に落ちてもこの世がましだ」ということわざは消えてしまうだろう。

ある日、娘は「稲妻」講義という話をしてくれた。実に興味深く、しばらくその話に聞き入った。良く聞いてみると私もかつてその話をテレビで見たことを思い出した。

その話は、母校、高麗大学の前にある中華料理店の配達員に関する話だった。その配達員は、その辺り一帯で稲妻という名前で通ったが、彼が注文された料理を受け取るなり矢のようにすばやく「稲妻」と書かれた旗が掲げられたバイクを走らせる場面を見たことを思い出した。私が彼をいまだに記憶している理由の一つは、彼が常に心に抱いていたいわゆる「配達信念（?）」というものからだ。別にどうでもいいような配達サービスというものにポリシーを持ち、「顧客感動」を実現しようとする彼の姿は、実に印象深く、未だに忘れずにいた。そんな彼は最近、講師としてあちこちから引っ張りダコだそうである。

娘が仕事を手伝っていた会社も彼を招き、「出前持ちからスター講師へ」というテーマの講演を聞いたとのことだった。

私は楽しく娘の「代理講演」を聞いたのだが、話を聞いてみると実に中身がある話であった。

彼の本名は徐テフンという。現在「稲妻外食経営コンサルティング研究所」の所長を務めているが、彼の中華料理配達の経歴は一二年だという。

彼には両親がなく、祖母の手で育てられたという。子供の頃は勉強や貧しい生活が身を裂かれるほどに嫌いだった。ある日、友達が札束を持ってやって来て何かをして金儲けしようと持ち掛けたという。学校を中退し、金儲けのために家出をしたそうだ。しかし、幼くして何ができただろうか。思い通りにならなかった彼は、あちこち職を探して転々としていた。そんなある日、ある男性から仕事を紹介するから自分に付いて来いと声を掛けられ、世間知らずの彼は、その男性に黙ってついて行った。

しかし、ただ飯などあるはずがなかった。だから私たちは、自分を顧みず他人のために犠牲になり手助けする人たちを聖人というのではないか。結局、その男性が連れていった場所は中華料理店であった。こうして彼と中華料理店との最初の出会いとなったわけである。

しかし、世の中は甘くはなかった。仕事はきつく数日働いてみたが、耐えられず主人にやめたいといった。すると主人は、お前は、この店に連れて来てくれた顔も名もろくに知らない人に、当時五万ウォンで売り飛ばされたからそうはいかないという。結局彼はどうにもこうにも適応するしか術がなかった。調理技術もなく幼くして中華料理屋に入ったので、ホールの掃除や床磨きなどの雑用からはじめた。そうするうちに注文も受けるようになり、その頃から彼は、人々を観察するようになったのである。

「まず、女性のお客の場合、テーブルにつくとザー菜を半口ほど食べるか、水を少し飲む。男性もメイン料理を待つ間、まずザー菜をいくつか噛みながら空腹をしのぐ」

ここまで把握すれば次のサービングはもっとスムーズになる。お客がザー菜をおかわりする前に水と共にザー菜も持って行く。水をよく飲むひとには目を配り、飲み終える前に水を継ぎ足しに行くなどである。するとお客からは「あら、今頼もうかなと思っていたところ」という反応が出てくる。

彼はそれを「小さな顧客感動」と呼んでいる。彼は他の従業員と違って常にどうしたら顧客を大満足させることができるかと考えたそうである。そのうち配達員を任された。

ある日、長年のお得意さんである検察庁からチャジャン麺の出前注文が入った。検察の高官がチャジャン麺を注文したのである。ところがなんとそのチャジャン麺に煙草の吸い殻が入っていたのだった。「チャジャン麺に煙草の吸い殻が入っただけでも大問題なのに、それを噛んでしまった」と大変怒り、そのまま出ていってしまった。彼がいくら謝っても怒りが収まるような程度のものではなかった。

外国ではゴキブリが入っていた物を食べて訴訟を起こし、巨額の補償金を受け取ったというではないか。そこで、彼はもう一度丁寧に謝りたいと思い、二時間も高官が戻って来るのを待った。やっと戻ってきた高官に再度謝罪してみたものの高官は、彼にさんざん文句を言った挙げ句、今にも殴り掛からんばかりに拳を振り上げた。ところが思い直したのか彼を静かに座らせ、「お前の主人が来て両手を合わせて許しを乞い、申し訳ないと謝罪をしてもこの怒りは収まらない。しかし、たかが一介の配達員のお前が、何がそんなに申し訳なくて二時間も待って謝る必要があるのか」と言ったそうだ。

「自分は確かに一介の配達員に過ぎませんが、この料理は本当は、主人が直接持っていくべきものです。しかし、忙しくて手が離せないので配達員を雇い、主人に変わって配達をさせているのです。ですから、料理は主人が作りますが、その主人は私を信じてその料理を託しました。つまり、私は主人の代理であり、だからこそ主人に変わって謝罪をするのが道理であります」と彼は答えた。

実に正しい答えである。彼は主人の代理人も同然ではないか。

その後、彼の噂は検察庁内部に広まり以前よりも常連客は増えたそうである。彼は、講義を頼まれた経緯からしてもわかるように実に弁舌巧みな人であり、また、稲妻のように早いということで私の母校、高麗大学で噂になっている。高麗大学に頻繁に出入りしたことから（すなわち、彼の働く中国料理屋に頻繁に注文をしたことから）教授たちにも顔が知れ渡るようになったのである。

そんな中、高麗大学経営学科のマーケティング担当教授が、「消費者行動論」についていくつか彼に質問をしたところ、自分なりにあれこれ答えたそうだが、弁舌巧みな彼の話は非常に興味深かったようである。そこで教授は、自分の講義時間に一〇分だけ生きた体験談や客に関する話をしてくれないかと頼んだそうである。一〇分程度なら、営業に支障がないと考え、承諾したそうである。

いざ話をしてみると、一〇分が三〇分になり、三〇分が一時間になり、その講義時間が終わるまでずっと話をしていたそうである。教授も学生も彼の話に耳を傾けたそうである。そうこうするうちに、あちこちから声をかけられ、マスコミでも取り上げられるようになってスター講師となったそうである。

青瓦台は、二一世紀の新知識人として二〇人を各界から選んだが、全員芸術界や経済界、文学界のような立派な方々の中で、自分は「配達（ペダル）業界」代表だったという。確かにそうだ。われわれは単一民族であり、倍達（ペダル）民族（倍達＝韓民族の古典的、歴史上の称）ではないか。皮肉ではあるが。

彼は現在、高麗大学経営学科の名誉講師である。また、彼の営業哲学を学ぼうとする人や彼の話に耳を傾ける人は多い。しかし、彼は中学校を中退し、夜間学校を出ているようである。

彼の講義を聞いた娘は、コメディアンのようで、おもしろい顔をし、人に軽く見られがちな一介の配達員に過ぎないような人であったと言った。

彼は優性因子でもなく、社会で秀でて周囲から羨ましがられるような人でもなかった。一流大学を出たわけでもなく、ただ一流大学に「稲妻」のようにチャジャン麺を配達していただけの彼だが、人よりも勤勉で、肯定的な思考とどんな立場に置かれても最善を尽くし、今の地位を築いたのである。

彼は現在、全国に三〇余りのチェーン店「稲妻」を持っている事業家だそうである。

私たちには非常口がある。仮に自分の子が隣の子よりも成績が悪くても、わが家にないキムチ冷蔵庫を隣が持っていても、週に一度も外食ができなくても、優性因子を持つ人間でなくても、私たちには希望がある。われわれみんなは非常口を持っているのである。

著者に聞く

柳晙相議員（著者）に聞いた方々
具ソンソ（四五歳、障害者）、李グムオク（地区党女性同志）、金スギョン（作家）、ト・ギワン（二九歳、男、市民）、朴ジョンウン（二九歳、女、市民）、オ・ジンス（四四歳、

日雇い労働者）

柳晙相議員　交通事故というのは怖いものです。実に恐ろしい。一瞬にして人を障害者にしてしまうのですから。私も民主党最高議員選挙の期間中に事故に遭ったのですが、大変でしたよ。当時、演説のスケジュールは一杯詰まっていて。それ以来慢性腰痛になってしまい堪らない痛みです。

具ソンソ　私は生まれつきの障害者でしたが、今は、私の体は現在の状態が正常であると思っています。事実、健常者と言われている人も精神的な障害をもつ人が多いわけです。外形的な肢体障害は持っているものの、精神的に正しく生きようと努力している私たちを見る目に社会的な偏見があることは残念で仕方ありません。

柳議員は今までさまざまな障害者に接してきて健常者と健常者ではない差はどこにあるとお思いですか。

柳議員　まず、身体的な差ですね。しかし、生きて行くうえで、一つの障害も持たない人は果たしているのでしょうか。私の知り合いの精神科医師が言うには、世の中に健常者というのはいないということです。相談に来る患者と話をしてみると、それぞれ口にできない自分だけの苦痛に苦しんでいるということです。つまり、みんなが非正常的だということです。要するに、愛する恋人に対する過度な執着も愛の欠乏症として現れる兆候であり、いわゆるマザコンも自分の欠点に対するコンプレックスによるものだとのことです。

先ほどおっしゃったとおり、このように私たちはみんな精神的な障害に悩まされており、そんな苦しみの中で生きているわけですが、彼らは外形的に正常であることで障害者と自分たちを区別しているのです。

私は、健常者と非健常者の差とは、周辺の環境と先入観に起因していると思っています。見えるものが優先される世の中ですからどうしようもありません。私も事故によって目にみえる障害が残らなかったことを感謝していることを考えれば。

具ソンソ　最近の障害者福祉政策がどの程度まともに施行されているとお考えなのか、またそうでないとしたら、是正や改善すべきものは何だとお考えなのか、個人的な所見をお聞かせください。

柳議員　障害者の福祉政策は、二〇年前に比べるとはるかに進展しました。しかし、未だに障害者の生活の不便さや生活を営むにあたっては、制度的な政策として至らない点が多く残されています。私は、行政管理する実務者ではないので明確に申し上げることはできませんが。

　何よりも障害者という名の下で社会から嫌われるのが何ともやりきれません。これからは、障害者福祉に関する管理監督も徹底し、制度的に実践可能なものを整備していかなければならないでしょう。電車の昇降やトイレからショッピングモールまで、障害者のための便宜施設はあまりにも不足しています。有名大型百貨店は、そのような施設を充実させるような意欲すら見せません。何より人々の視線と施設の問題があります。


オ・ジンス　聞いていると私たち社会のやるせない部分は一つや二つではありません。私は建設現場で働く、その日暮らしの日雇い労働者です。もちろん、社会の福祉や環境は徐々に良くなっています。しかし、私のような日雇い労働者は法の保護があまりにも限定されていて、不利益を被ることが多いのです。

　以前、内装を手伝った建設会社が不渡りとなり、給料ももらえず追い出されました。小額裁判で訴えればと皆言いますが、そんなに簡単にできるものではありません。私たちのような庶民は金を踏み倒されればそれっきりです。自分が日雇い労働者であることがせつないです。しかし、私は自分の仕事に誇りを持っています。

　建設現場で内装の仕事に体は酷使され、危険千万な仕事もしなければなりませんが、仕事のおかげで子供たちを学校に通わせ、これだけ睦まじい家庭を築いたのですから。

柳議員はどんな仕事がよい職業だと思われるのか、そして子供を育てながら親になった立場から、将来子供たちにどんな職業に就いてもらいたいですか。

柳議員　世界の労働市場は柔軟になり、ひとりの人間がひとつの職場で何十年も勤めるという時代は終わったと考えています。そのような価値観は崩壊し、過去のそのような職業は消える一方で、新しい職業群も生まれつつあるということです。例えば、日雇い労働者数は約六九〇万人で、その範囲はスーパーマーケットやオ・ジンス氏のような建設現場、その他製造業、自営業、食堂までありますが、弁護士も日雇い労働者に属しますし、タレントやナレーター、モデルなどとすべてがいわゆる「インディペンデント」な職業なのです。

私が運営している福祉協会では、「クイックジョブ」というシステムを作り、求人求職を行い、日雇い労働者の福祉問題や人権に関する法律問題、雇用保険は経歴証明書を持っていて初めてその恩恵に預かれるわけですが。無線データベース（携帯電話）に根拠を残し、証明書を受ければ、雇用の恩恵を受けられるようにする。日雇い労働者のセンターを設立し、二一世紀を迎える教育といいますか、そのようなものを通じて質の向上を図り、労働者の生き甲斐を作り出す役割を果たしたいですね。自分の性格や適性、専攻に合った職業に就き、喜びを持って仕事に打ち込める職業、すなわち「フリーエージェント」時代がやって来るということです。個性に合った長期的計画を立てる人によってその中身は異なるでしょう。

私は自分の子供とどの職業についても話したことは一度もありません。そんな時代は過ぎました。時代の流れや嗜好、適性に合った職業に就くのは当然のことでしょう。結婚相手を選ぶのも同様です。ただ学閥や家柄さえ良ければ幸せになれるという保証はありません。看板よりも実質的なことが重要です。「自分と心の通じる人に会い、自分と息の合う職業を選びなさい」と言っています。

金スギョン　私は柳議員と知り合ってそれほど経っていませんが、まるで自分の父のようであり、また私を娘のように大切にしてくださることにとても感謝しております。私は物書きですので、時々約束の時間に遅れたり、不規則な生活をしたりすることが往々にしてあるのですが、そんなとき柳議員は、最も大切なのは人と人との信頼であるとおっしゃいながら、私を叱咤することもありました。いつも正道を外れてはならないともおっしゃいました。

私は側でそんな柳議員を見ながら、信頼とは、培うのは大変難しいものであるが、崩すのは実に簡単であるという事実に深く目覚めました。だから今は、信頼を失わないように気を付けています。

私は先日、柳議員の会合にて、柳議員の歌を聞きました。一度マイクを握ったら二曲歌わないとマイクを離しませんね（参加者全員笑い）。そして柳議員は字もお上手で、常に聖書を側においていらっしゃるのを目にしました。愛唱曲は聞かせていただいたので、今度は愛誦の詩をひとつ詠んでいただければ。

柳議員　ハハ、昔の歌ですよ。まあ私も昔の人間ですから、古くなった歌ですけれど、

「愛の瞳よ、永遠に」

「言葉もなく差し出した冷たい手、私の心を泣かせるほどの……」

これ以上歌うとブーイングが出そうですね。とにかく、そんなところです。それから盧サヨンの「出会い」という歌も好きですね。また民族詩人ですが、学生時代に民主化闘争を行ったときに愛誦したものを紹介します。なぜか当時は心に染みわたる歌でしたね。

苦難の運命を背負い
歴史の稜線に乗り
今夜もあがき
行かねばならない民族がいる
高地はすぐそこなのに
ここで留まることはできない
倒れて壊れても
一片の心臓だけが残れば
抱きしめて
行かなければならない民族がいる
夜が明けて
血の中に笑う姿
再びこの目で見てみたい

それに歌曲の「春の少女がやって来る」というのがあるでしょう。よく歌いましたね。

本当にここで留まってはならないのです。すべての高地はすぐそこですから。

金スギョン　よく見るテレビドラマはありますか？

柳議員　『王建』はよく見ますね。世は今も昔も同じですからね。あとは名前が出てきませんが、他のドラマも時々見ながら、この世は表面的には平和なようだが、家庭ではその深いところで悲しみや苦しみが入り交じっているのだということを感じたりしますね。

金スギョン　老後一番なさりたいことと望みがありましたら聞かせてください。

柳議員　中国に六〇歳未満は少年で、六一歳から八〇歳までが青年で、八〇歳から九〇歳までが壮年、九〇歳以上が老後だという話があります。

ところで、老後とは抽象的に言えば、まず政治家として、生涯を締めくくるときにあたって、それまでできなかったことがあるとするならば、自分の能力がある限り地域社会と国家のために奉仕できたらと思っています。「分かち合う人生」をモットーに生きていきたいですね。

例えば障害者や日雇い労働者の環境に関する問題といいましょうか。また周囲のアウトドア文化を楽しむ人々の間の親交を維持していきたいと思います。疎外されている人々のために、歴史に残る政治家になりたいと思いますし、後継者が現れたら彼らを先導し、小さな集まりが大きく成長するまで手助けをしていきたいと思いますし、また執筆活動や講演活動などもやりたいですね。

李グムオク　今までのお話、大変興味深く拝聴しました。私は柳議員の仕事を手助けする立場として、選挙運動で早朝に柳議員、奥様、お嬢様と食事を取りながら運動していた記憶が蘇ります。

　難しい質問かもしれませんが、大統領選挙を控え、ハンナラ党の執権をどの程度確信していらっしゃるのか、またその根拠やそのための人材はいるとお思いでしょうか。

柳議員　憲政以来、多くの大統領が誕生しましたが、結局この国における現代史を見れば、金泳三であれ、金大中であれ、文民政府だ、国民の政府だと言いながら、国民の評価は伴いませんでした。つまり次期政権はどうなるかということでしょう。政権を変えるべきだとの声が多く上がっています。そういった意味では、もちろん私自身はハンナラ党の所属でもありますから、これから第一野党であるハンナラ党が中心となる政権を手にしなければならないというところに比重を置いています。

　三金氏に象徴される政治に対し、多大な失望をし、また今現在の政治が混沌とし、経済状態も改善されず、実際周辺を囲む強大国との関係も多くの問題を抱えているため、過去の国政経験を持つ勢力や民主勢力、そして新しい新進勢力が揃っているハンナラ党は多くの支持を得るだろうと思います。

三金氏に対する嫌悪感、すなわちＤＰＪの可能性も稀薄だと見ることができます。二金氏がしたので義理上また礼儀上、残りの金氏もしなければならない云々。政治家というものは国民的支持を得なければならないのですが、そうでないから難しいと思います。それが私の見解です。

一方、ハンナラ党もいくつかの障害物を取り除かなければなりませんが、まず国民に経済を立ち直らせる具体的な政策を提示し、国民が肌で感じられるようなものとし、その結果信頼感を得なければなりません。また政治的には心で政治を行い、すべての民心を受け入れ、包容力ある集団であるということを知らしめ、変化しつつある世界情勢に足並みを揃え、南北統一を一歩前に進められるような具体的で実践的な代案を提示できる政策を示さなければなりません。いわば、太陽政策の後に「バラ政策」とでも言いましょうか、目に見える政策、過ったときに制御してくれるような、そんな政策を立てなければならないでしょう。統一勢力に対しても可能性を持たせてくれる政党の姿を。そんな努力が必要ではないでしょうか。

ト・ギワン　私は男だからでしょうか、最近こんなことに興味があります。政治家の立場からどうお考えになるのか。例えば、ハリスというトランスジェンダー（性転換者）の活動や外国のように同性愛者であることをカミングアウトして芸能活動をするようなことについて、どのような見解をお持ちですか。

柳議員　世界の流れが一般的な偏見を越えるものであるので、誰かがコントロールしたり、排除したり、誰かの指示で行うことではありません。また彼らは彼らなりの幸福を追求する権利があるのではないかと思います。彼らなりの役割です。

朴ジョンウン　私は政治をよく知りませんが、私の兄が建築関連のインテリアの仕事をするときに、経済が苦しい状況で会社が危険なときがありました。ですから政治が重要だと考える立場です。お尋ねしたいのは、将来わが国にも女性の大統領が誕生するとお考えですか。

柳議員　誕生する可能性がないとは言えないと思います。十分あり得るでしょう。最近は軍隊に入る女性もいますし、女性の長官もいますから、大統領も誕生し得るでしょう。これからは女性が進出する社会ですから。

訳者あとがき

本書は二〇〇二年二月七日に韓国の「図書出版」から出版された『柳晙相が会った人々――ホームレスから大統領まで』の日本語版である。日本語版では著者の思いを込めて、第六章で「私が出会った人々Ⅲ」が加筆されている。したがってこの日本語版では、ほぼ出版直前までの事柄が収録されている。勿論日本語版の出版は著者の直接依頼によるものである。

当初この本を手にしたとき、その題名からみて、ただの「交遊録」かなと思ったが、読んでいくうちにその考えの間違いに気が付いた。この本は、実に豊かな人生哲学の書であり、政治理念の書である。それも観念的に語るのではなく、実践を通して得た全身の感性で人生と政治理念を理路整然と語っている。また著者の精力的で幅広い活動にはつくづく驚かされる。まさに「縦横無尽」である。私自身これまで、いろんな政治家の著書などを読んできたが、これほど精力的に、真摯な態度で、さまざまな人たちと会っている政治家の著書を見た事がない。

韓国社会と韓国政治を知るためにはぜひ一読してほしい著書である。

二〇〇二年十月　　朴斗鎮

柳晙相（ユジュンサン）
1942年、韓国全羅南道宝城で9人兄弟中2番目として生まれる。光州高等学校を経て、高麗大学経済学科、同大学院卒業。建国大学政治大学院博士課程。
6・3事件当時、高麗大学総学生会長（職代）として活動。
11代、12代、13代、14代の韓国4選国会議員、国会経済科学委員長。現在ハンナラ党党務委員、大統領中央選挙対策委員会指導委員でもあり、広津地区委員長でもある。
経歴としては、1987年、金大中大統領候補の遊説委員長。1993年民主党（統合）最高委員、副総裁を歴任。1996年から、早稲田大学アジア太平洋研究センター国際諮問委員。現在、21世紀経済社会研究院理事長、社団法人日雇い労働者協会名誉会長を勤め、ハンナラ党中央選対委市民社会連帯指導委員（NGO）。

著書 『指導者の微笑み』『政治発展論』『ヨイドからの手紙』『一村一品運動』『韓国経済の課題と展望』『日本が嫌いならなぜ日本製品を使うのか』など。

朴斗鎮（パクトゥジン）
1941年 大阪市で生まれる。
1966年 朝鮮大学校政治経済学部卒業後、朝鮮問題研究所研究員として2年間在籍。1968年4月～1975年2月まで、朝鮮大学校政治経済学部教員。
その後、(株)ソフト・バンクを経て、経営コンサルタントとなり、現在、統一日報社顧問。在日同胞問題、朝鮮問題を研究。

著書 『北朝鮮 その世襲的個人崇拝思想――キム・イルソンチュチェ思想の歴史と真実』

ホームレスから大統領まで――韓国政界縦横無尽――

2002年12月5日 初版第1刷発行

著者 ―― 柳晙相
企画 ―― 統一日報社
発行者 ―― 平田 勝
発行 ―― 花伝社
発売 ―― 共栄書房
〒101-0065 東京都千代田区西神田2-7-6 川合ビル
電話 03-3263-3813
FAX 03-3239-8272
E-mail kadensha@muf.biglobe.ne.jp
http://www1.biz.biglobe.ne.jp/ ~kadensha
振替 ―― 00140-6-59661
装幀 ―― 神田程史
印刷・製本 ― 中央精版印刷株式会社

ISBN4-7634-0397-4 C0031

花伝社の本

浮遊する日本

近藤大博

定価（本体 1800 円＋税）

●日本を切る！漂流し続ける日本への視点。世界からみた日本、日本から見た世界。国際化時代の陥穽――だから日本人は誤解される。論壇から見た日本――日本人のどこがユニークか。メディアの裏側。元『中央公論』編集長の辛口・日本評論。

韓国社会意識粗描

――現代韓国人と社会――

水野邦彦

定価（本体 2000 円＋税）

●韓国を知るために

韓国の人々にとって社会とは何か？　韓国の人々は何を大切にしているか？　近代化の急速な進展のなかにあっても、強固な家族意識に深く組み込まれた現代韓国の人々の意識構造。目にみえない韓国を知るために。

朝鮮文化史の人びと

小川晴久

定価（本体 1800 円＋税）

●朝鮮文化史の清冽な群像

近世から近・現代にかけて、朝鮮文化を担い実践した人々の学問・文化・人間像。脈々と流れるソンビの心を探る。

朝鮮実学と日本

小川晴久

定価（本体 1942 円＋税）

●功利主義からの脱却！

脚光をあびる朝鮮実学の研究。東アジアの近世思想家たちを「実学」としてとらえなおす新しい学問的試みは何をめざすか？　科学技術、現代文明の在り方を問う。

韓国心の旅

―エッセイで学ぶハングル―

朴寅基編／早川嘉春

定価（本体 2136 円＋税）

●日常生活の記録を通して、韓国の文化と心を知る

急速な近代化にゆれる現代韓国人の心の心奥。洗練された文章、秀れた新進の書き手による随筆集。

死刑廃止論

死刑廃止を推進する議員連盟会長

亀井静香

定価（本体 800 円＋税）

●国民的論議のよびかけ

先進国で死刑制度を残しているのは、アメリカと日本のみ。死刑はなぜ廃止すべきか。なぜ、ヨーロッパを中心に死刑制度は廃止の方向にあるか。死刑廃止に関する世界の流れと豊富な資料を収録。［資料提供］アムネスティ・インターナショナル日本